# LETTRES
## D'UN AVOCAT
## *AU PARLEMENT DE* ***,
## SUR UN PROJET
## *DE TRADUCTION DU CORPS ENTIER*
## DU DROIT CIVIL.

# LETTRES
## *D'UN AVOCAT*
## AU PARLEMENT DE***,
A MESSIEURS LES AUTEURS
DU
JOURNAL DES SÇAVANTS,
SUR UN PROJET
*DE TRADUCTION DU CORPS ENTIER*
## DU DROIT CIVIL.

A PARIS,
Chez KNAPEN, Libraire-Imprimeur, Grand'-Salle du Palais, à l'L couronnée; & au bas du Pont S. Michel, au Bon Protecteur.

M. DCC. LXV.
*Avec Approbation & Privilège du Roi.*

L'ÉTUDE des textes ne peut être aſſez recommandée ; c'eſt le chemin le plus court, le plus ſûr & le plus agréable pour tout genre d'érudition. Ayez les choſes de la première main ; puiſez à la ſource ; maniez, remaniez le texte ; apprenez-le de mémoire ; citez-le dans les occaſions ; ſongez ſurtout à en pénétrer le ſens dans toute ſon étendue & dans toutes ſes circonſtances ; conciliez un Auteur original, ajuſtez ſes propres principes, tirez vous-même les concluſions. *Caract. de la Bruyère,* chap. *De quelques Uſages.*

Quoi, Monſieur, . . . . il y a vingt ans que vous ne penſez pas ! Vous parlez pour les autres, & ils penſent pour vous ! Monſieur, dit le Sçavant, croyez vous que je n'ai pas rendu un grand ſervice au Public, de lui rendre la lecture des bons Auteurs familière ? Je ne dis pas tout-à fait cela : j'eſtime autant qu'un autre les ſublimes génies que vous traveſtiſſez : mais vous ne leur reſſemblez point ; car, ſi vous traduiſez toujours, on ne vous traduira jamais.

Les traductions ſont comme ces monnoies de cuivre, qui ont bien la même valeur qu'une pièce d'or, & même ſont d'un plus grand uſage pour le peuple ; mais elles ſont toujours foibles & d'un mauvais aloi.

Vous voulez, dites-vous, faire renaître parmi nous ces illuſtres morts ; & j'avoue que vous leur donnez bien un corps : mais vous ne leur rendez pas la vie ; il y manque toujours un eſprit pour les animer. *Œuvres de M. de Monteſquieu, tom. 3, p. 256, édition in-4°. de 1758.*

# AVIS
## *DE L'ÉDITEUR.*

LE projet d'une Traduction du Corps de Droit, inconnu jusqu'ici, proscrit il y a nombre d'années avec tant de raison par M. le Chancelier d'Aguesseau, prohibé en dernier lieu par M. le Vice-Chancelier & par les Magistrats, m'a paru si dangereux, que j'ai cru rendre un service important à la Nation, de publier ces trois Lettres, ou plutôt ces trois sçavantes Dissertations. L'Auteur, dans la premiere, peint, avec toute la force qu'inspire le respect qu'on doit au texte des Loix, les dangers d'une pareille entreprise : il examine, dans la seconde, les erreurs dans lesquelles M. Hulot est tombé, comme Auteur, dans les Notes & les Sommaires dont il se propose d'accompagner sa Traduction : dans la troisiéme enfin, il discute & relève les fautes, les omissions, les contre-sens, dont cet Aggrégé s'est rendu coupable comme Traducteur : il appuye son sentiment sur les textes les plus précis du Code & du Digeste, & sur les passages des Historiens, des Commentateurs & des Jurisconsultes les plus accrédités, qu'il rapporte en notes comme pièces justificatives ; de maniere que ces Lettres, en ne les envisageant point comme critique de tel ou tel Projet, ou de tel ou tel Ouvrage, m'ont paru former trois Dissertations très-sçavantes sur l'Histoire du Droit, sur les rapports des Loix entr'elles, & jetter sur-tout de grandes lumières sur la matière du Gage & de l'Hypoteque. C'est donc, si je ne me suis point trompé, une Brochure utile à garder, indépendamment de toute Critique relative : elle sera d'ailleurs une preuve qu'on sçait encore le latin en France ; & peut-être un aiguillon qui pressera ceux qui, par paresse, négligeroient cette Langue, de la cultiver avec assez de soin, pour n'avoir jamais besoin de traductions.

# LETTRES

D'un Avocat au Parlement de *** à MM. les Auteurs du Journal des Sçavants.

*Sur un projet de traduction du corps entier du Droit Civil.*

## LETTRE I.

MESSIEURS,

VOTRE Journal du mois de Juillet dernier m'a annoncé qu'un Docteur Aggrégé de la Faculté des Droits de l'Université de Paris, nommé M. HULOT, se propose de donner au Public la *traduction du corps entier du Droit Civil.* J'ai admiré, comme vous, le courage & l'application qu'exige un ouvrage si long & si pénible. Le compte que vous avez rendu des deux *Prospectus* de l'Auteur, l'un *in*-4°. l'autre *in-folio*, a piqué encore plus ma curiosité; je me les suis procurés, je les ai conférés avec ce que vous en dites : quelle justesse ! quelle précision ! & cependant quelle étendue dans le tableau que vous en avez fait ! Peut-on ne pas regretter les traits de lumière que le même pinceau auroit répandus sur toutes les parties de l'ouvrage, si le genre d'un Journal & la variété des matières que le vôtre embrasse ne l'eussent arrêté ? Mais vous avez montré aux Citoyens la route qu'ils doivent suivre ; il doit leur être permis d'entrer dans vos vûes patriotiques ; &, quoique je ne sois pas *érudit*, peu s'en faut que je ne craigne plus de m'égarer, depuis que je peux marcher sur vos traces.

Il est possible que *des personnes* de mérite *aient cru*, comme le dit M. Hulot, *que le Public pourroit trouver quelqu'utilité* dans son ouvrage : il se peut aussi que bien d'autres le croient dangéreux ; & comme ce Docteur Aggrégé ne se borne pas à une simple traduction des Loix Romaines ; comme il y ajoute, de son chef, un argument au commencement de chaque Livre, un sommaire à la tête de chaque titre, il me semble que l'examen ne sçauroit être complet qu'autant qu'il porteroit sur ces trois objets : les avantages, ou les dangers de l'ouvrage en lui-même ; la justesse, ou l'erreur des maximes que M. Hulot y prescrit comme Auteur ; sa fidélité enfin, ou ses fautes comme Traducteur.

Mais comment pourroit-on, Messieurs, regarder cet ouvrage comme dangéreux, d'après le motif généreux & noble qui détermine notre Auteur à le rendre public ? Il vous assure que l'étude du Droit Romain est déchue parmi nous de son ancienne splendeur : ce malheur, M. Hulot veut le réparer ; & son zèle s'étend sur tous les âges & sur tous les états. *C'est* d'abord *la jeunesse*, dit-il, *qu'il ne faut pas rebuter. . . . . . Si les jeunes gens destinés à remplir des places dans la robe conçoivent, dès le commencement de leurs études, de l'éloignement pour cette profession, ce n'est pas toujours l'effet d'une legèreté naturelle; les principes des Loix ont des épines; il faut sçavoir les détourner adroitement des yeux des commençants.* M. Hulot y réussit, en donnant une bonne traduction qui *applanit les difficultés.*

Vous voyez, Messieurs, que jusques-là il ne cherche qu'à instruire la jeunesse. Peut-on ne pas l'en louer ? Un Docteur Aggrégé fait fort bien de s'occuper d'elle, & de lui *applanir les difficultés :* & je ne doute pas que, d'après ses principes, il ne demandât un jour au Gouvernement, s'il espéroit de l'obtenir, une Loi *en françois*, qui, afin de mieux *applanir les difficultés*, ordonneroit de faire à cette jeunesse, qui est sur les bancs, des leçons *en françois*, ou du moins de lui expliquer *en françois* les textes latins & les commentaires latins.

Mais il est encore une autre classe assez considérable de Citoyens à qui il eſt bon de devenir utile ; Meſſieurs les Magiſtrats, & Meſſieurs les Avocats, quoique faits pour gouverner & pour diriger les autres, reçoivent, avec plaiſir, de toute main, vous le ſçavez, Meſſieurs, des ſecours, des lumières, des inſtructions. Notre Docteur ſe propoſe auſſi de leur en donner. *Ce n'eſt pas*, dit-il, *que ceux qui ſuivent les étendards de la Juſtice n'aient ordinairement reçu, dans une éducation noble, les principes des Langues grecque & latine ; mais le temps qui ſuit les études eſt employé avec plus d'agrément à la lecture des ouvrages que nos Auteurs nous ont laiſſés dans tous les genres.* De-là *le peu de familiarité qu'on a avec les Langues dans leſquelles les Loix Romaines ont été compoſées. . . . . L'on perd inſenſiblement la facilité qu'on avoit acquiſe dans la lecture des Auteurs anciens.* Et, comme l'âge & le défaut d'habitude augmentent cette difficulté, vous ſentez, Meſſieurs, qu'il ſuit du principe ſi prudemment annoncé par M. Hulot que, ſi vous en exceptez quelques ſçavans qui vieilliſſent dans l'étude de ce Droit, parce qu'ils doivent l'enſeigner, nous autres François, qui n'avons pas cet honneur, nous l'ignorons parfaitement. M. Hulot a donc eu raiſon de ſe plaindre de ce qu'*on ſe glorifie de faire la profeſſion de Juriſconſulte*, (c'eſt-à-dire, Meſſieurs les Magiſtrats, & Meſſieurs les Avocats ; car quels autres pourroient ſe glorifier de faire la profeſſion de Juriſconſultes ? ) *lorſqu'on remplit à peine le métier de Praticien ?* Et n'eſt-ce pas le même principe qui l'a fait s'écrier : *Un corps de Loix qui régit encore aujourd'hui l'univers entier, ſera-t-il abandonné à la curioſité des érudits, & condamné à ne pas ſortir des écoles ?*

Ah ! que cette diſſertation de M. Hulot eſt belle ! Comme tout y eſt concluant, lié, enchaîné ! & quel dommage que le Barreau n'ait pas conſervé plus long-temps dans ſon ſein ce Docteur Aggrégé ! Tous les *érudits* ne ſeroient pas à coup ſûr renfermés dans les écoles.

Mais puiſqu'il ſe donne la peine d'en ſortir pour nous inſtruire, il faut bien qu'il ſouffre que nous examinions ſi ſon inſtruction nous convient. Je ne ſuis pas aſſez modeſte pour avouer que je n'ai point avec la Langue latine la familiarité requiſe ; & je me garderai bien d'aſſurer que j'ai cette familiarité : auſſi-tôt un Traducteur du corps entier du Droit Romain argumenteroit contre moi d'un titre entier du Code, & me diroit : *que perſonne ne ſoit Juge en ſa propre cauſe*. Ainſi, laiſſant indéciſe la queſtion de fait, voici, Meſſieurs, comment, ſans avoir recours ni au Code, ni au Digeſte, que M. Hulot ſçait trop bien, pour que j'oſe en diſputer avec lui, je croirois pouvoir raiſonner, de ſimple bon ſens, ſur la queſtion de Droit.

Ou la Langue latine m'eſt aſſez familière pour que je puiſſe conſulter les Loix Romaines ſans le ſecours d'une traduction; ou elle ne me l'eſt pas. Si je ſuis dans le premier cas, une traduction, à laquelle j'aurai plûtôt recours qu'au texte, par la raiſon même qu'elle m'applanira les difficultés, me fera perdre cette familiarité. Si cette Langue ne m'eſt pas aſſez familière, le ſecours d'une traduction me fera renoncer à m'en faciliter l'intelligence; je croirai que rien ne m'en fait plus un devoir étroit; & j'écouterai ma *pareſſe*, qui, comme dit fort bien M. Hulot, *cherche à ſe cacher ſous des prétextes ſpécieux.*

Ainſi la facilité de lire les Loix en françois fera perdre, à *ceux qui ſuivent les étendards de la Juſtice*, l'habitude de les lire en latin. Donc cette facilité, non-ſeulement les détournera d'acquérir une plus grande connoiſſance de cette dernière Langue; mais elle leur fera oublier inſenſiblement ce qu'ils en peuvent ſçavoir.

Tel fut l'effet que produiſit la traduction en latin des Novelles que Juſtinien avoit données en grec (1). Les anciens Gloſſateurs, aſſez *éru-*

(1) *Julien*, Profeſſeur à Conſtantinople, les traduiſit en 570. *Bulgare*, ou, ſelon d'autres, *Berguntion* de Piſe, en fit, preſque dans le même temps, une ſeconde traduction; c'eſt la *vulgaire*, qui a été reçue dans les Ecoles & dans les Tribunaux, quoiqu'en pluſieurs points elle s'éloigne du ſens du texte: ce qui porta Gré-

*tits* pour lire la verſion latine, ne crurent plus devoir ſe gêner à apprendre la Langue grecque. Cette ignorance profonde d'une Langue ſi ſçavante, ſubſiſta juſqu'à ce que l'invention de l'Imprimerie, & le rétabliſſement des Lettres, euſſent tiré de la pouſſière des Bibliothèques les ouvrages précieux de l'ancienne Grèce. Le déſir d'y puiſer des lumières inſpira le goût de l'étude de la Langue dans laquelle ils étoient écrits. Ils ont été traduits, & de-là peut-être notre indifférence pour une Langue que notre pareſſe nous repréſente comme aſſez inutile d'après les traductions. On a reproché à Accurſe même que, lorſqu'il trouvoit un texte grec (car on m'a aſſuré qu'il en eſt encore d'épars dans le Digeſte,) il diſoit en latin : *ceci eſt du grec, on ne le peut lire.* (2) Pourquoi ne craindrions-nous pas que le

---

*goire Haloander* à donner une troiſième traduction; elle parut à Nuremberg en 1531 : celle-ci n'étant pas plus exempte de fautes, *Jean-Frederic Homberck zu Vach*, Profeſſeur Allemand, en a donné une quatrième en 1717; mais la vulgaire a néanmoins conſervé l'autorité qu'elle s'étoit arrogée. Ceci prouve, 1°. combien il eſt difficile à un Traducteur de rendre avec exactitude le ſens des Loix. 2°. Qu'une traduction, quoique fautive, fait oublier le texte, & s'élève à un dégré d'autorité qui devroit être réſervé au texte.

(2) *Græcum eſt, non poteſt legi.* Voyez, je vous prie, Alciat, *lib.* 2, *diſpunct. cap.* 16. Il eſt certain que, ſur le §. 1. *de empt. & vend.* aux Inſtit. où Juſtinien rapporte un paſſage de l'Iliade, Accurſe a mis cette note après les mots *bis verbis* : *ſcilicet græcis quæ legi non poſſunt.* Eſt-ce le vice des caractères de l'exemplaire qu'Accurſe

temps ne vienne où, à la vûe du texte latin mis à côté d'une traduction françoise, on dira en françois : *ceci est du latin, on ne le lit pas.*

L'entreprise de M. Hulot pourroit donc passer pour une conjuration contre la Langue latine ; & comme, sans l'intelligence exacte de cette Langue, il n'est pas possible de bien connoître les Loix romaines, cette entreprise pourroit passer encore pour une conjuration contre l'étude de ces loix. Eh quoi ! seroit-il donc vrai que, pour rétablir cette étude, notre Docteur Aggrégé eût saisi le moyen précisément le plus capable de la perdre ?

Chaque Langue a son génie particulier, un caractère de style, des expressions propres que l'on ne sçauroit rendre dans une autre Langue : les traduire, c'est le plus souvent en altérer le sens naturel (3). Cet inconvénient commun à toutes les versions seroit bien plus dangéreux & bien plus difficile à éviter dans celle des Loix romaines : le corps de ces Loix, sur-tout le digeste, n'est pas un ouvrage fait comme le sont ordinai-

---

avoit sous les yeux, ou son ignorance de la Langue d'Homère, qui ont empêché cet interprète de lire les vers du premier des Poëtes ? Quoi qu'il en soit, de l'usage où les Glossateurs étoient d'omettre les textes grecs, est venu le proverbe : *ceci est du grec pour moi.*

(3) Si j'étois *érudit*, je citerois des Grecs & des Latins qui prouvent fort bien ceci ; mais je me contente de renvoyer à la Préface tres-sçavante de Ducange, sur son Glossaire de la basse latinité, art. 26.

vrement les autres ouvrages: c'eſt un tiſſu de paſſages tronqués, que les Compilateurs ont recueillis & couſus à la ſuite les uns des autres: on y trouve la préciſion d'un extrait; la liaiſon y eſt ſouvent peu, ou point marquée, comme il arrive dans des recueils: rarement on y voit développée, dans toute ſon étendue, la doctrine du Juriſconſulte de qui le paſſage a été emprunté; ſes maximes, ſes déciſions y ſont coupées; un ſeul mot y tient quelquefois à une foule d'autres principes, & devient le principe de nouvelles conſéquences. Le Traducteur devroit être ſûr d'appercevoir conſtamment, d'un coup de génie, tout cet enſemble: s'il y échoue; s'il ne rend pas dans toute ſon énergie, non-ſeulement l'expreſſion du Juriſconſulte, mais ſon eſprit; non-ſeulement ce qu'il a dit, mais ce qu'il a voulu dire: ſi, ce qui ſeroit encore pis, dans la traduction de nombre de Loix ſuſceptibles d'interprétations diverſes, il penche du côté d'une de ces interprétations; (& vous ſçavez, Meſſieurs, combien il eſt difficile à l'eſprit humain une fois prévenu d'empêcher que ſes opinions, ou ſes préjugés ne teignent ſes ouvrages, & ne s'y incorporent): ſi enfin, ce qui ſeroit un bien plus grand malheur, ce Traducteur, faute d'entendre la Loi, lui donne un ſens étranger, s'il prend l'objection pour la réponſe, s'il ſubſtinue ses idées à celles du Législateur, qu'arrivera-t-il, Messieurs? Le jeune Eléve, le Lecteur peu familier avec la Langue latine, les seuls à qui la traduction de M. Hulot pûisse paroître utile, regarderont comme loi les erreurs & les sentimens particuliers du Traducteur; & leur esprit trompé, ou rétréci, ne sera plus capable d'appercevoir dans le texte, supposé qu'ils le consultent, la vérité des maximes, ni l'étendue des vues du Jurisconsulte.

Et quel est le Sçavant qui puisse se flatter d'avoir acquis l'intelligence parfaite de toutes les Loix? *Accurse* & *Denys Godefroy* sont les seuls qui aient osé faire des gloses ou des notes sur tous les textes: les autres Interprètes se sont bornés à expliquer des loix choisies, des titres particuliers, des Jurisconsultes favoris. La plûpart étoient les oracles de leur siècle, & le sont encore du nôtre; en est-il aucun qui soit exempt d'erreurs? On en apperçoit dans *Godefroy*; on en trouve encore plus dans *Accurse*. Je peux donc craindre, sans fâcher M. Hulot, qu'il ne lui en soit échappé quelqu'une dans sa traduction; je peux craindre qu'il ne soit pas réservé à lui seul de connoître parfaitement le corps entier du Droit, que personne n'a connu en entier. Or il est nécessaire de bien connoître toutes les Loix, pour les bien traduire toutes. Il est plus dangéreux de les traduire sans les bien connoître, que de les expliquer sans les bien connoître; & j'y serois bien trompé, Messieurs, ou voici une assez bonne raison de cette différence: *paratilles*, *gloses*, *explications*, *annotations*, *commentaires généraux*, *traités particuliers*, & toutes autres productions de même espèce, ne passent jamais que pour l'ouvrage d'un particulier, & ne prennent point d'autre autorité sur l'esprit du Lecteur. Car le siècle n'est plus où la glose étoit appellée l'idole de nous autres Avocats *non érudits* (4). Au lieu que la traduction de la Loi se confondra avec la Loi même dans les têtes peu formées, ou peu accoutumées à la Langue latine; & les préjugés du Traducteur y seront reçus comme des maximes du Législateur. Donc encore, plus on supposera cette traduction utile, même nécessaire, vû la prétendue ignorance de notre siécle, plus elle deviendra nuisible; puisque l'impuissance où l'on dit que nous sommes d'entendre, de nous mêmes, le texte, assurera aux erreurs du Traducteur un empire plus durable, & même indestructible, sur notre foible esprit.

---

(4) On connoît l'ancien proverbe, *glossæ auctoritatem omnes excellere*, & *ipsi*, *tanquàm carotio veritatis*, *perpetuò adhærendum esse*. On peut consulter, sur la déférence que les Avocats avoient pour la glose, Arthur Duck *de auct. jur. civ. lib.* 1. *cap.* 8. §. 6. Raphael Fulgosius, sur la Loi *si in solutum* 6, au Code *de oblig.* & *act.* François Hotman, dans la Préface à ses Conseils.

Ceci me paroît répondre à une autre des raiſons graves de M. Hulot; il dit : *les Orateurs, les Poëtes, les Hiſtoriens, tous les ouvrages utiles, ou ſimplement agréables, ont paſſé dans notre Langue avec ſuccès.* Soit; mais vous ſentez, Meſſieurs, que le Traducteur, s'il ſe trompe, ne prête des erreurs qu'à un Orateur, à un Poëte, à un Hiſtorien, & que le lecteur, même celui qui, par malheur, n'eſt pas familier avec la Langue latine, ne regarde pas ces Auteurs comme des guides ſous la foi deſquels il ſoit obligé d'aſſujétir ſon eſprit. Cependant quel Littérateur que celui qui n'auroit pas lû les Anciens dans les Anciens mêmes! Et M. Hulot veut que l'on devienne Juriſconſulte, ſans que l'on ſoit aſſez fort pour lire dans les Juriſconſultes!

Ah! Meſſieurs, ſi vous connoiſſez M. Hulot, (& ſe pourroit-il qu'un Sçavant ne fût pas connu de vous?) de grace dites lui que, dans une profeſſion, ou *métier* (qu'il l'appelle comme il lui plaira,) dans leſquels ne pas connoître tous les rapports des Loix, c'eſt peut-être n'en bien connoître aucun; dans leſquels il faut remonter toujours au principe, deſcendre, tenir le fil, parcourir les ſentiers du dédale, & diſcerner quel eſt celui qui conduit à l'iſſue; dans leſquels, de l'interprétation d'un mot, de la différence d'une lettre, d'une ponctuation, dépend souvent le vrai sens de la Loi (5), ne sçavoir qu'à demi est peut-être pis que ne rien sçavoir : dites-lui qu'il veuille bien ne pas nous

---

(5) Il me suffiroit de renvoyer à l'ouvrage de *Sigismond Jauchius*, imprimé à Amsterdam en 1728 sous ce titre : *Meditationes criticæ de negationibus Pandectis Florentinis partìm rectè, vel malè adjectis, detractis vel circumscriptis* ; & à celui des *Probabilia lectionum receptarum juris civilis* de Jean-Guillaume *Mackarti*, imprimé à Utreck en 1737. J'en donnerai cependant quelques exemples qui m'ont été fournis par des *érudits* ; & pour ne pas sortir de la matière hypothéquaire que M. Hulot a choisie, comment doit-on lire la Loi *solutum* 11, §. *si in sortem* 3, *de pign. act.* ? Doit-on lire VEL *in usuras*, comme porte le texte que Robert soutient être correct, ou NEC *in usuras*, comme le prétend Cujas ? La différence est cependant du *oui*, ou du *non* ; & d'après la leçon que l'on préférera, le débiteur, dans le cas que la Loi pose, sera ou ne sera pas reçu à répéter le gage qu'il a remis à son créancier. Quelle est la ponctuation de la Loi *si mandatu* 59, §. *creditor* 4 *mandat.* ? Dans cette clause *& an intersit creditoris jure vendiderit*, faut-il placer la virgule après le mot *creditoris*, ou après celui *intersit* ? Suivant cette diverse ponctuation, la Loi aura ou n'aura pas un sens conforme à celui des autres Loix ; le créancier qui a fait vendre le gage sera ou ne sera pas obligé à garantir celui à qui il a été vendu. Enfin, dans la Loi *oves* 3, §. 1 *de abig.* doit-on conserver la leçon ordinaire, *eum quoque* PLENIUS *coercendum*, *qui à stabulo abegit domitum pecus*, *non à sylvâ*, *nec grege* ? ou faut-il lire LENIUS *coercendum* ? Le texte doit-il être traduit ainsi : « Le voleur, qui emmène (sans effraction) » du bétail d'une bergerie, est *plus pleinement* puni que » celui qui l'enlève dans la campagne, » ou de cette autre manière : « Ce voleur est *plus légèrement* puni » ? Tous les exemplaires portent le mot *pleniùs* : mais, 1°. L'expression *pleniùs punire* n'est pas latine ; on dit : punir *sévèrement*, & non pas punir *pleinement*. 2°. Celui qui vole dans les campagnes manque plus à la confiance publique ; & ces vols, comme plus aisés à commettre,

faire oublier les ſources; la choſe en vaut la peine : il ne s'agit de rien moins, dans notre ſimple *métier*, que de la fortune, de l'honneur, de la vie de nos Citoyens : qu'il veuille bien ne pas nous inſpirer la préſomption & l'opiniâtreté : nous autres ignorans, du moins nous nous laiſſons conduire. Dites-lui que ceux qui n'ont pas aſſez *de familiarité avec les Langues dans leſquelles les Loix romaines ont été compoſées*, ne méritent pas le ſoin qu'il ſe donne pour eux ; que malgré ſon précieux ouvrage & ſes veilles, ils ne rempliront *à peine* que le métier *de Praticien*; que de-là, loin de rendre les Praticiens d'aujourd'hui Juriſconſultes, ſa traduction, très-propre à faire négliger la Langue des Loix, opéreroit, contre ſon attente, que déſormais ceux qui ſeroient nés aſſez avantageuſement pour de-

doivent être plus ſéverement réprimés. La différence entre *plenius* & *lenius* n'eſt que d'une lettre; cependant cette lettre fera que, dans certains Pays attachés au Droit Romain, un homme ſera ou ne ſera pas pendu. La traduction de M. Hulot confondra ces différens ſens; le Lecteur ne verra plus entre *plus pleinement* ou *plus légèrement* l'image d'une ſeule lettre mal-adroitement ajoutée par un Copiſte. M. Hulot accompagnera t-il ſa traduction de quelques notes qui indiquent ces variantes? Il ne promet que celles de Godefroy : or nous, qui ne ſçavons pas le latin, ne les entendrons pas. D'ailleurs que nous importeroit que M. Hulot donnât des notes en françois, ſur les différentes manières de lire le texte latin? Ne faudroit-il pas ſçavoir faire l'application de ces notes au texte, pour en connoître la vérité, en ſentir la délicateſſe? Et comment faire cette application, ſi on ne connoît guères le latin?

venir Juriſconſultes, ne ſeroient plus que de ſimples Praticiens : ou enfin du moins, par accommodement, dites-lui que, s'il faut à toute force qu'il ſoit Traducteur, il ſe contente de nous traduire les notes de Godefroy, & qu'il nous laiſſe le texte dans le reſpect que nous lui portons : mais point du tout; M. Hulot veut traduire la Loi, ſous prétexte que nous n'entendons pas le latin; & pour nous faire entendre cette Loi, il nous met, au bas de la page, les notes de Godefroy, que nous n'entendrons pas mieux que la Loi même.

Voici donc déjà deux des motifs de M. Hulot en contradiction avec le but qu'il ſe propoſe : il veut rétablir l'étude du Droit, il l'anéantit : il veut rendre les Praticiens Juriſconſultes, il rend ceux qui ſeroient faits pour devenir Juriſconſultes aſſez pareſſeux pour reſter dans la ſimple claſſe des Praticiens. J'ajouterai une troiſiéme contradiction : M. Hulot veut diminuer la maſſe des dangéreux Praticiens, il l'augmente.

Quel ſera en effet le Procureur fiſcal, le Notaire ſeigneurial, peu verſé, je l'avoue, dans la Langue latine, qui ne ſe croie un bien ſçavant homme, dès qu'il pourra lire *en François* dans le corps du Droit civil : Chaque Coutume embraſſe beaucoup moins d'objets & de déciſions : auſſi s'en faut-il bien que leur réduction dans notre Langue expose aux inconvéniens dont je vais parler ; mais, d'après la *bonne, fidèle & littérale traduction* des Loix civiles, je m'imagine déjà voir notre Jurisconsulte Praticien de nouvelle espèce s'en allant partout, & disant : » prêtez, achetez, plaidez, le » cas est clair, je vous défendrai ; voilà la Loi, » livre tel, titre tel, §. 10 ou 11, n'im- » porte » : & puis des contrats de toutes sortes, des procès sans nombre pleuvoir de toutes parts ; le tout sur la foi d'une *bonne, fidèle & littérale traduction :* & puis encore le même Praticien s'érigera en défenseur, allongera ses requêtes & écritures de textes *en François* pris de Loix latines, bien ou mal appliqués, bien ou mal cousus. Que si, par malheur, cet athlète rencontre un adversaire médiocrement initié dans la Langue latine, les voilà à faire de nouveaux écrits, à multiplier les *rôles*, pour discuter, à leur manière, si la traduction est, ou n'est pas fidèle & littérale. Ah ! Messieurs, n'avons-nous pas assez *de causes, d'instances, de délibérés, d'appointés, de dits, de contredits, de salvations, &c ?* Faut-il encore les multiplier ?

Ces inconvéniens, & plusieurs autres, que de plus clairvoyans que moi appercevront, sont peut-être la cause qui a retenu toutes les nations, comme de concert, du moins dans une espèce d'indifférence pour la traduction du Droit romain. Ce n'est pas que des gens propres à la faire leur aient manqué : la nôtre, en particulier, a eu *Cujas*, *Duaren*, *Hotman*, *Doneau*, *Dumoulin*, les *Pithou*, les *Godefroy*, *Brisson* même & *Bignon* suffisamment *érudits* pout des Magistrats. Les Ecoles de Bourges, d'Orléans, de Toulouse ont étonné l'Europe par leur célébrité ; & l'on peut dire, sans crainte d'être accusé de prévention nationale, que c'est à la France que la Jurisprudence romaine doit sa splendeur. Tous ont laissé à leur postérité des ouvrages immortels ; aucun ne lui a laissé de traduction pour l'instruire. Ni l'Angleterre, ni l'Italie, ni l'Espagne, ni l'Allemagne même si fertile en Jurisconsultes sans contredit laborieux, & peut-être aussi *érudits* que Monsieur Hulot, n'ont été enrichies d'un pareil présent. Je sçais que nous sommes faits pour être modèles, que c'est à nous à donner le goût ; & je viens de dire que nous l'avons formé à l'égard des bonnes études des Loix romaines : je sçais que c'est par-là que nous avons acquis de la considération, & une supériorité décidée sur les étrangers. Mais conserverons-nous cette considération, en annonçant à l'Europe entière, à la tête d'un livre qui sera revêtu du sceau de l'autorité publique, que les Langues sçavantes ne sont plus connues chez nous que dans le cercle étroit des écoles, & qu'il nous faut une traduction du Corps du Droit, parce que nous ne sçavons pas le Latin ? Ah ! Messieurs, l'entreprise de M. Hulot est aussi injurieuse à la nation, qu'elle lui est nuisible. Si malheureusement nous étions ignares, seroit-ce à nous à le dire ? Laissons plutôt nos voisins dans la haute idée qu'ils ont toujours eue du sanctuaire de notre Justice, & même de notre Barreau (6).

Mais quelles circonstances M. Hulot choisit-il ? Celle où le Gouvernement s'occupe de donner un nouveau lustre à nos études ; celle où le Corps presque entier de la Magistrature, par l'examen profond d'un code volumineux de Loix, lequel, quoique je ne sois pas digne d'en juger, j'ai lieu de présumer écrit en très-beau & bon Latin, puisqu'il est l'ouvrage d'une Société occupée à enseigner cette Langue, vient de prouver qu'il n'a pas besoin d'une traduction pour entendre des Loix latines : & M. Hulot ne craint-il pas que cette So-

---

(6) Je citerai, entre les Anglois, Artur Duck, *de usu & auct. jur. civ. Lib.* 2, *cap.* 5 ; entre les Italiens, Camille Borrel, dans la Préface de ses décisions, n°. 14, 40 & 41. On y voit des hommages rendus aux lumières supérieures des Parlemens, sur-tout de celui de Paris, & l'éloge du Barreau françois : entre les Allemands je ne citerai qu'*Heineccius*, Jurisconsulte de ce siècle ; *Histor. jur. Lib.* 1, §. 424. Les Espagnols ne louent guères personne.

ciété, qui ſçait tirer parti de tout, ne diſe : » Voyez donc les François, voyez à quoi ils » ſont réduits pour nous avoir renvoyés ? Leur » jeuneſſe, à qui nous apprenions ſi bien le » Latin & le Grec, ne ſçait plus entendre même » le Latin ; depuis que nous ne ſommes plus » chargés de ſon inſtruction, il faut que les » maîtres traduiſent en Langue vulgaire les li- » vres les plus faits pour reſter dans leur lan- » gue originale ; le texte des Loix. «

Domat a reſpecté ce texte ; il en a faci- lité l'intelligence, ſans le faire oublier ; il a fait en François ce qu'avant lui pluſieurs Juriſconſultes avoient fait en Latin. Si les ré- dacteurs du Corps du Droit ont recueilli les Loix dans un ordre admirable, c'eſt ce qu'il m'importe peu d'examiner : mais pluſieurs *éru- dits* ont tenté de rendre cet ordre meilleur : tels ont été *Gregoire Toulouſain*, dans ſon Abrégé du Droit Univerſel ; *Oſwaldus Hil- liger*, dans ſon *Doneau* expliqué ; *Hunnius*, dans ſon Encyclopédie. Domat a ſuivi leur exemple (7) ; il a rédigé les Loix dans leur ordre naturel ; il établit les principes ; il les place chacun dans ſon rang ; les conſéquences naiſſent & s'enchaînent : s'il y ajoute le texte,

(7) Le même eſprit conduit M. Potier, dans ſes *Pan- dectæ Juſtinianæ in novum ordinem digeſtæ.* Il écrit en latin ; Domat a écrit en françois : il ne m'appartient pas de juger ſi, entre ces deux Ecrivains, il y a d'autre différence.

ce n'eſt que la partie ſeule, non qu'il a traduite, mais qui ſert de baſe à ſa maxime, & il force à conſulter le texte, plutôt qu'il n'en diſpenſe. Il termine ſon ouvrage par un recueil de Loix choiſies: les traduit-il? Non; il eſt abſolument indiſpenſable d'avoir quelque familiarité avec la Langue latine, pour lire, dans Domat, cet: élite de préceptes que chaque Juriſconſulte devroit, ce me ſemble, graver avec des caractères ineffaçables dans ſon eſprit. Cependant, ſi on en croit M. Hulot, *Domat étoit bien perſuadé de cette vérité* (de la néceſſité, ou de l'utilité d'une traduction) *c'eſt ce qui l'a déterminé à publier ſon excellent ouvrage des Loix Civiles.* Eh! quoi l'utilité ou la néceſſité d'une traduction des Loix aura déterminé Domat à publier un Livre où il ne traduit point les Loix! Cet Ecrivain étoit bien inconſéquent! Du moins devoit-il, après le but que M. Hulot lui prête, traduire ſon *Delectus Legum*. Notre Docteur déplore l'impoſſibilité où *cet homme célèbre* a été de *mettre le Corps entier des Loix Civiles à la portée de tout le monde.* Voudroit-il nous faire entendre que l'ouvrage de Domat n'eſt pas aſſez clair? Ou bien que tout le Corps du Droit n'y eſt pas recueilli? Qu'il y ajoute une explication, ou un ſupplément, & qu'il reçoive d'avance les remercimens de nous autres non *érudits*. Puiſqu'il eſt aſſez fort pour rendre en François le vétable esprit de toutes les Loix, il faut bien qu'il soit parvenu à comprendre celles mêmes que Domat n'a peut-être omises, que parce qu'il n'étoit pas assez sûr de les bien connoître. Quelle gloire, sous le titre modeste de Continuateur, d'aller plus loin qu'un homme célèbre ! Cela vaut mieux, à coup sûr, que d'être traducteur.

Les Grecs furent la seule nation qui se soit donné des traductions du Corps entier des Loix romaines (8). Permettez-moi, Messieurs, d'en rappeller la cause & les effets.

Accoutumés à une langue plus riche, plus nombreuse, célèbre par tant d'écrits, & répandue dans presque tout l'univers, (9) les Grecs dé-

(8) Je ne parle point d'une traduction du Code de Justinien en vieux gaulois, dont Cujas fait mention dans l'Epitre Dédicatoire de son Commentaire des trois derniers Livres de ce Code à Marguerite de Valois, Duchesse de Savoye & de Berry. Il paroît que le manuscrit qu'il avoit vû, & qui étoit de la Bibliothéque de Catherine de Médicis, ne contenoit que ces trois derniers Livres : *Veteres Franci . . . . missis novem aliis Libris*, dit-il, *hos tres dumtaxat Francos fecerunt*. Fréher, dans l'Epitre Dédicatoire du Droit Grec-Romain, à l'Empereur Rodolphe II, parle d'une traduction du Code entier. Aucun de ces sçavants, malgré le goût & l'usage de publier tous les anciens monumens, n'a cru devoir produire celui-ci. Ils l'ont laissé dans l'oubli, peut-être pour ne pas donner au public un exemple quelconque d'une traduction de Loix Romaines.

(9) Les Marseillois la portèrent dans les Gaules ; quelques Provinces d'Italie & la Sicile l'adoptèrent. Les successeurs d'Alexandre l'étendirent, par leurs conquêtes, en Egypte, dans la Syrie ; & elle y prévalut sur les Langues nationales.

daignèrent la connoiſſance de toute autre langue. En vain, dès le tems de Sévère & d'Antonin Caracalla, il étoit ordonné aux Préteurs, ou Magiſtrats, de rendre en Latin leurs Décrets; (10) l'empire de la Loi céda à celui du goût & de l'uſage; les Juges Grecs continuèrent de rendre leurs Sentences en Langue grecque (11); & les Empereurs furent enfin obligés d'en venir à les y autoriſer par une Loi (12). En vain Conſtantin donna à ſa nouvelle Capitale, à ſes quartiers, à ſes édifices publics, des noms Grecs, & enſemble des noms Latins; la Langue latine fut preſque renfermée dans ſa Cour, & bannie, comme barbare, du reſte de la ſociété. Si ce Prince harangue en latin le Concile de Nicée, il ne peut ſe faire entendre des Pères Grecs, que par la voix d'un Interprète : ſi deſcendu de ſon Trône, il admet ces Pères à ſa converſation familière, il faut qu'il oublie, pour un moment, qu'il eſt Em-

(10) La Loi 48, au Digeſte *de re judic.* Elle eſt de *Claudius Tryphoninus*, qui vivoit ſous ces Empereurs.

(11) Liſez, je vous prie, les Loix 13 *de jure jur.* 9, §. 8 *de pœnis*, au Digeſte, & 17, *ex quib. cauſ. infam. irrog.* au Code. Vous y verrez des traces de Jugemens rendus en grec. Les deux premieres Loix ſont de *Domitius Ulpianus*, qui a commencé à paroître ſous les mêmes Sevère & Antonin. La troiſième eſt de Gordien, élevé à l'Empire environ vingt ans après ces deux Empereurs.

(12) La Loi 12, au Code *de ſentent. & interloc.* Elle eſt d'Arcadius & Honorius.

pereur romain, qu'il laiſſe à l'écart la Langue de Rome, & qu'il ſe prête à leur parler celle de la Grèce (13). Depuis cet Empereur, & ſur-tout depuis le Grand Théodoſe, l'Empire, les Sciences, les Langues penchèrent continuellement vers leur décadence. La Liturgie rappelloit d'ailleurs les Grecs à leur langue; la différence des caractères les éloignoit encore de l'étude de la latine. Auſſi Juſtinien même fut obligé de donner en Grec les Loix qu'il portoit pour l'Empire d'Orient (14), d'en faire deux exemplaires, l'un Grec, l'autre Latin, lorſqu'après ſes conquêtes, ſon autorité s'étendit ſur les deux Empires (15). Ennemi

---

(13) Euſebe, vie de Conſtantin, chap. 13.

(14) Nov. 7, *cap.* 1: *propterea hanc propoſuimus, & protulimus, & non paterna voce Legem conſcripſimus; ſed hâc communi & græca, ut omnibus ſit nota, propter facilem interpretationem.*

(15) Nov. 17 dans la Préface. Elle eſt d'autant plus remarquable, que ſon objet eſt l'envoi d'un Livre que Juſtinien avoit fait compoſer ſur les devoirs des Juges; & afin que ce Livre pût être entendu des mêmes Juges à qui l'Empereur l'adreſſoit, il dit: *Ideò Librum mandatorum compoſuimus, qui ſubter per utramque linguam annexus eſt, ut detur adminiſtratoribus noſtris ſecundùm locorum qualitatem, in quibus romana vel græca lingua frequentatur, ſcire eorum ſanctionem.* Novelle 65, *cap.* 1, §. 2. *Eo quòd, factis à nobis uniformibus conſtitutionibus de menſura inſtitutionis filiorum, aliì quidem græcorum linguâ conſcriptæ, propter multitudinis frequentiam; aliì verò latina, quæ etiam firmiſſima propter Reipublicæ figuram eſt.* La conſtitution même portée pour confirmer le Digeſte fut écrite en grec & en latin.

des commentaires, il permit de traduire le Digeste en Grec (16), afin de mettre les Juges, & un plus grand nombre d'*érudits* de cette nation, à portée de le lire.

Cette ignorance générale, ou plutôt le mépris de la Langue latine, rendirent donc les traductions nécessaires; & bientôt il en parut de toutes sortes. Théophile, peut-être ce Professeur de Constantinople dont Justinien s'étoit servi pour rédiger le Corps du Droit, voulut aider *les jeunes gens destinés à remplir des places dans la Robe* grecque. Il composa une traduction ou paraphrase des Institutes : c'en étoit assez pour *détourner adroitement les épines de cette science des yeux des commençans ;* & Ferrière, Professeur de Paris, a déjà donné à la jeunesse françoise les mêmes secours, que le Professeur de Constantinople avoit fournis aux jeunes Grecs. Mais on alla plus loin ; *Etienne* traduisit le Digeste, *Thalelée* le Code (17):

(16) Constitution *Tanta*, *de confirm. digest.* §. 21 : *Tempestivum nobis videtur & in præsenti sancire ut nemo .... audeat commentarios hisdem Legibus adnectere ; nisi tantùm si velit eas in græcam vocem transformare, sub eodem ordine, eâque consequentiâ quâ & voce Romanâ posita sunt.*

(17) Le moine *Mathieu*, surnommé *Blastarès*, dans la Préface de son Abrégé alphabétique. La traduction grecque du Code existoit encore du temps de Fréher, qui assure l'avoir vûe : Epitre Dédicatoire du Droit Grec, Romain à l'Empereur Rodolphe II.

on croit que l'un & l'autre sont les mêmes qui avec Théophile, & sous les ordres de Tribonien, recueillirent le Corps des Loix Civiles.

Avons-nous le même dédain ; avons-nous la même aversion nationale contre la Langue latine ? Avons-nous, pour l'apprendre, la difficulté des caractères & de la lecture à surmonter ? La Religion, les Sciences ne nous rappellent-elles pas au contraire à l'étude de cette langue ? Mais quelque nécessaires que fussent les traductions grecques, voici ce qui en résulta : elles firent oublier à jamais le texte ; elles usurpèrent dans les écoles, dans les Tribunaux, une autorité absolue ; &, comme les préjugés des Traducteurs s'étoient glissés dans leurs ouvrages, la Jurisprudence romaine ne fut plus. Eh ! quoi, Messieurs, si *Etienne*, *Thalelée*, *Théophile*, si des Jurisconsultes aussi instruits de l'esprit des Loix qu'ils avoient aidé à rédiger, sont tombés dans des erreurs, que n'ont pas à craindre les autres Traducteurs ? La difficulté d'expliquer, de concilier les Loix naissoit encore plus du genre, ou du vice de la traduction, que des Loix mêmes. Basile le Macédonien crut remédier à ce mal, en faisant travailler à un abrégé refléchi de tous ces ouvrages informes : il le donna sous quarante titres, l'an 838 ; Léon son fils l'augmenta l'an 886 ; & Constantin Porphirogenète le publia divisé en ſoixante livres, au commencement du dixième ſiècle: c'eſt le Code de Loix que nous connoiſſons ſous le nom de *Baſiliques*.

Cette nouvelle collection, revêtue du ſceau de l'autorité publique, ne ſervit qu'à ériger en Loi romaine ce qui n'étoit pas Loi romaine; c'eſt un mélange confus du Droit ancien avec le nouveau: de préceptes de Juriſconſultes, avec des déciſions de Praticiens; de Loix Civiles avec des Loix Eccléſiaſtiques. Si ce Code eſt devenu précieux par cela même qu'il contient des traces de monumens que nous chercherions en vain ailleurs, il ne s'en écarte pas moins de la pureté de la Juriſprudence romaine. Depuis cette époque, la vraie Juriſprudence, dans l'Empire d'Orient, marcha à grands pas vers ſa chûte, juſqu'à ce que les Turcs, ayant détruit cet Empire, en 1453, ne laiſſerent ſubſiſter, du Droit, ſoit ancien, ſoit nouveau, que les Loix dures de l'eſclavage. Ainſi les traductions corrompirent les Loix romaines dans l'Empire d'Orient. Voilà donc, Meſſieurs, un exemple bien frappant de l'inconvénient de cette ſorte d'ouvrages.

M. Hulot s'étonne de l'audace de Michel Pſelle, qui, dans le onzième ſiècle, défigura les Loix, par un extrait de quatorze cent vers grecs. Mais un Traducteur devroit-il nous en faire ſouvenir? Eſt-ce à lui de condamner une licence, ſuite preſque inévitable des traductions ? Pourquoi ne craint-il pas que, d'après son ouvrage, quelque *rimeur* françois, qui n'auroit pas entendu le Latin, ne travestisse en vers le Corps du Droit; & ce rimeur n'osera-t-il pas s'étayer de motifs assez spécieux ? Il dira qu'il est bon d'égayer la jeunesse en même-temps qu'on l'instruit, & d'aider la mémoire par le secours de la cadence & de la rime.

Que veut dire M. Hulot ? Il avoue que l'ignorance de la Langue latine *priva l'Orient du texte des Loix romaines, peu de temps après leur composition :* donc il faut une traduction de ces Loix romaines ? Telle est la conséquence qu'il tire de ce fait. Mais j'aimerois mieux dire : les traductions du texte des Loix romaines n'ont pas garanti, dans l'Empire d'Orient, ces Loix de leur chûte contre l'ignorance de la Langue latine, ou le peu de familiarité des Grecs avec cette Langue : donc, supposant que nous soyons dans la même ignorance, ces traductions ne garantiront pas ces Loix d'une pareille chûte parmi nous : donc M. Hulot n'atteint pas son but, lorsque, pour conserver, pour rétablir même l'étude du Droit romain, il donne au public la traduction de ce Droit.

J'aimerois mieux dire : l'exemple des Grecs prouve que, dans une nation peu familière *avec les langues dans lesquelles les Loix romaines ont été composées*, les traductions contribuent à faire oublier, & à dénaturer le texte : or l'exemple des Grecs prouve que tout ce qui tend à faire oublier, ou à dénaturer le texte, tend à corrompre les Loix, & précipite leur chûte : donc l'exemple des Grecs prouve que les traductions de ces Loix servent à les corrompre, & à précipiter leur chûte : donc l'entreprise de M. Hulot est non-seulement insuffisante pour rétablir l'étude du Droit romain, qu'il assure que nous négligeons, mais elle est encore le moyen le plus sûr d'accélérer sa ruine.

Je pourrois donc conclure, Messieurs, que dans une science que nous ne pourrons acquérir qu'en pénétrant, par le travail, jusqu'aux sources, il faut nous forcer au travail qui nous approche des sources, au lieu de favoriser la paresse qui nous en retient éloignés.

Je pourrois conclure que la bonne façon de prévenir le dégoût que l'étude du texte peut donner à des esprits foibles, & peu avancés dans la connoissance des Loix, ce n'est pas de corrompre peut-être les Loix par une traduction : *Baudouin*, Professeur à Paris, s'y prenoit d'une toute autre manière. Il parloit bon latin ; mais par le mélange de l'Histoire & des Loix, il sçavoit donner à ses leçons des agrémens qui fixoient l'attention des commençans, & y attiroient ceux qui avoient déja fait des progrès dans les Lettres (18).

(18) *Ex historiarum & civilis disciplinæ conjunctione, suis prælectionibus gratiam & venerem afferebat : & eum quidem sæpè vidimus . . . . . Lutetiæ profitentem, cùm ad ejus auditorium permulti prima nota homines, Episcopi,*

Je pourrois conclure que, ſi une traduction étoit néceſſaire, elle ne devroit pas être l'ouvrage d'un ſeul homme. Quelque précaution que l'on prenne, l'uſage ſubſtitue les verſions à la Loi même, & elles s'arrogent une autorité, qu'il n'eſt plus poſſible, ni peut-être prudent de leur enlever. Leur compoſition exige donc le plus grand ſoin : je ne ſçais pas encore, quoique j'y aie beaucoup réfléchi, prendre un parti ſur la queſtion de ſçavoir, s'il eſt plus difficile de recueillir des Loix diſperſées, pour en faire un Code, que de traduire ce Code dans lequel elles ſont recueillies ; mais je ſçais que, pour rédiger ſon Corps de Droit, Juſtinien employa vingt-ſept Juriſconſultes ſous les ordres de Tribonien. Que l'on ſuppoſe donc la traduction plus facile que la rédaction, le ſera-t-elle dans la proportion de la diſtance qu'il y a d'un ſeul homme à vingt-huit ?

Que ſi, à l'exemple des Grecs, on met aujourd'hui les traductions des Loix à la mode, pourquoi ne pas traduire auſſi les anciennes Ordonnances (19) ? J'avoue que juſqu'à préſent

---

*Senatores, Equites libenter & maxima frequentia confluerent.* Sainte Marthe, *Elogior. Lib.* 2.

(19) Je pourrois en dire de même des Capitulaires, des Loix Salique, Ripuaire & autres. On prétend que ces anciens monumens ſont la ſource du Droit public de notre Royaume, & des libertés de notre Egliſe ; que ſouvent nos meilleurs Auteurs y renvoient, en citent des articles aſſez longs ; & que cependant le latin barbare de ces Loix, & ſur-tout les mots malbergeois & autres tudeſques, ſont plus difficiles à comprendre que le latin des Loix romaines. Certainement nos Magiſtrats & nos

elles ont été respectées comme des monumens qu'il ne faut pas défigurer : mais j'avoue aussi que je n'entends pas mieux que le latin ce vieux gaulois des établissemens de Saint Louis. Pourquoi ne pas m'*applanir* cette *difficulté* ? car l'étude de ces anciennes Ordonnances paroît à bien des gens assez nécessaire pour connoître le véritable esprit des Coutumes, même le Droit public ; & ils disent que nos meilleurs Commentateurs, tels que de Laurière sur les Institutes de Loysel, en transcrivent assez volontiers des passages, &, qui pis est, sans les traduire. Nous avons, me dira-t-on, quelques Dictionnaires sur cet ancien gaulois : je le sçais ; j'ai même oui dire qu'un sçavant Academicien * se propose d'en donner un très-beau & bien complet : mais en manquons-nous sur les mots du Droit romain, sur le latin même ? Consultons donc les Dictionnaires, Messieurs, & laissons-là les traductions. Aussi je m'apperçois que ma Lettre est trop longue, & que, si vous prenez la peine de me lire, j'abuse grandement des momens que vous devez au public.

* M. de la Curne de Ste Palaye.

Je suis, &c.

*A ***, le 24 Décembre 1764.*

---

Avocats sont obligés de sçavoir le Droit public & les Libertés de l'Eglise Gallicane : or nos Magistrats & nos Avocats ne sçavent guère entendre le latin : donc il faut une traduction de ces anciennes Loix. M. Hulot a-t-il songé à faire le complet de la besogne ?

# LETTRE II.

MESSIEURS,

J'ÉTOIS bien réſolu de n'entrer en lice, avec M. Hulot, ſur aucun point du Code ou du Digeſte ; & je me ſouviens que je vous en ai dit quelque choſe dans ma précédente Lettre : mais des amis, à qui j'ai eu l'indiſcrétion de la faire lire, ont prétendu y trouver des expreſſions qui, à leur avis, m'obligent d'examiner ſi, d'après le fragment que M. Hulot a donné de ſon ouvrage, on doit s'attendre qu'il réuſſiſſe comme Auteur & comme Traducteur. Envain leur ai je repréſenté qu'indiquer les différens objets qu'un examen, pour être complet, devroit réunir, ce n'eſt pas s'engager à les traiter ; ces Meſſieurs, ſans s'embarraſſer de ma réplique, m'ont accablé de textes, pour me prouver que ce qui étoit promis devoit être accompli : tant il eſt facile de ſe méprendre ſur le vrai ſens d'un Ecrivain ; fût-il, comme moi, moins ſerré & moins précis qu'un *Juriſconſulte*. Enfin ils ſont venus juſqu'à me ſoutenir que tout le Digeſte, & de plus le Code exigent de moi que je tâche de les garantir d'une traduction qui pourroit les défigurer. Je vous avoue qu'à ces mots je n'ai ſçu que répondre ; car j'ai pour ces livres d'autant plus de reſpect, que je les connois peu.

Néanmoins M. Hulot me paroît trop redoutable, pour que j'oſe me meſurer avec lui. Voici donc, Meſſieurs, l'expédient que j'ai imaginé, pour me tirer d'embarras. La matière hypothécaire eſt d'un grand uſage ; & il m'importe autant qu'à tout autre *Praticien* de m'en procurer quelques notions. M. Hulot, certainement très verſé dans cette matière qu'il a choiſie pour en orner ſon *Proſpectus*, offre de ſi bonne grace ſon inſtruction au public, que j'eſpère qu'il voudra bien ne me la pas refuſer. Je le ſupplie donc de me faire part de ſes lumières ſur les obſervations que je prends la liberté de vous adreſſer. De cette manière, ſans m'expoſer imprudemment au danger d'un combat inégal, j'aurai l'avantage de m'inſtruire en même-tems que je ſatisferai aux engagemens que mes amis penſent que j'ai pris.

Je commencerai par les [illegible] que m'ont fait naître les maximes qu'établit M. Hulot comme Auteur. Il eſt des hommes célèbres qui ſe bornent à écrire ſur des matières de pur

Droit; d'autres ne s'occupent que de questions de Pratique; il en est enfin d'un génie plus vaste qui raitent les unes & les autres ensemble, & comme notre Docteur est de cette dernière classe, vous sentez que je peux avoir besoin de ses éclaircissemens sur l'un & sur l'autre objet: car vous verrez, Messieurs, qu'après avoir gémi de ce que les Magistrats & les Avocats *remplissent à peine le métier de Praticiens*, M. Hulot, au zèle duquel rien n'échappe, a porté ses vues jusqu'à les rendre plus instruits dans ce *métier* même, & qu'il ne se contente pas de ne former que des Jurisconsultes.

L'argument qu'il a mis au commencement du livre du Digeste dont il a fait choix pour présenter une esquisse de son travail, est fait, je l'avoue, de manière à ne donner prise à aucune controverse: c'est une simple division des titres placés sous ce livre. Il n'en est pas de même du sommaire qu'il a ajouté à la tête du premier titre; la lecture que j'en ai faite m'a embarrassé, & je ne suis pas en état de lever les difficultés que j'ai cru y voir.

Notre Auteur y dit: » le Préteur *Servius* est » le premier qui ait accordé, au propriétaire » d'un héritage, une action réelle contre tout » détenteur des effets qui lui auroient été en- » gagés par son fermier pour la sûreté des » loyers: les Préteurs qui l'ont suivi ont pensé

» qu'il étoit juſte d'accorder la même action à » tout créancier contre les détenteurs des effets » qui lui avoient été engagés par ſon débiteur. «

Que ce ſoient les Préteurs qui, à l'exémple de *Servius*, aient accordé à tout créancier l'action hypothécaire, ou que nous devions cette action à la ſeule interprétation des Juriſconſultes ; c'eſt de quoi je penſe que l'on pourroit douter. Il n'eſt point de texte qui indique que quelque Préteur l'ait introduite : on n'en voit aucun veſtige dans l'édit ; on ne trouve au contraire que des anciennes formules de cette action (1) ; & on ſçait que les formules étoient l'ouvrage des Juriſconſultes (2). Il ſeroit donc plus naturel de penſer que c'eſt par eux que l'édit de *Servius* a été étendu inſenſiblement d'un cas à un autre ; & que l'action hypothécaire qu'ils ont introduite en conſéquence, n'a été miſe au nombre de celles qui tirent leur principe de la juriſdiction du Préteur, que parce qu'elle vient de l'édit par interprétation (3). Mais, quoiqu'il

(1) Les Juriſconſultes Marcian & Caius ont fait des traités ſur la Formule hypothéquaire. Voyez les inſcriptions des Loix 5 & 11, *de pign.* 4 & 15 au même titre.

(2) Sans remonter à des exemples plus anciens, Scevola, dans la fameuſe Loi *Gallus Aquilius* 29, *de liber. & poſt.* tranſcrit la formule que *Gallus* avoit inventée.

(3) C'eſt le ſentiment de *Vinnius*, ſur ces termes du §. 8, *de act.* aux inſt. *ex prætoriâ Juriſdictione ſubſtantiam capiunt.*

en ſoit, l'erreur ſur cette diverſité d'origine m'eſt aſſez indifférente ; attendu que, dans la pratique, dans laquelle nous avons plus d'égard aux effets qu'aux cauſes, elle n'eſt pas capable de faire tomber dans quelque faute.

Il en eſt autrement de ce qui ſuit dans le paſſage de M. Hulot que je viens de citer : » les » Préteurs (ou Juriſconſultes, peu importe) ont » penſé, y eſt-il dit, » qu'il étoit juſte d'accor- » der la même action à tout créancier contre » les détenteurs *des effets qui lui avoient été en-* » *gagés par ſon débiteur.* C'eſt cette dernière ac- » tion, ajoute-t-il, qu'on appelle *Quaſi-Servien-* » *ne*, ou hypothécaire «. Voici donc, ſi je ne me trompe, à quoi ſe réduit, ſelon M. Hulot, toute la progreſſion des loix ſur cette action. *Servius*, qui en fut l'auteur, ne l'avoit accordée qu'au propriétaire, & dans le ſeul cas où les effets lui étoient engagés par ſon fermier : les Préteurs qui l'ont ſuivi, l'ont étendue, à la vérité, en faveur de toutes ſortes de créanciers, mais ſeulement ſur les effets qui leur ſeroient engagés par leurs débiteurs. Que devient donc l'hypothèque légale ou tacite (4)? Aucun effet n'eſt alors engagé

(4) *Servius* n'avoit accordé l'action hypothéquaire que dans le ſeul cas où des effets étoient nommément engagés par le fermier au propriétaire. La première extenſion que l'on fit de l'Edit de ce Préteur, fut vrai em-

par le débiteur ; au contraire, c'est par la Loi seule que ses biens sont affectés & soumis à l'hypothèque. Dois-je donc penser que la Loi refuse l'action hypothécaire à ceux à qui elle accorde l'hypothèque ? ou plutôt les Préteurs ou Jurisconsultes qui ont suivi *Servius* n'ont-

---

blablement d'accorder la même action sur les fruits que le fonds affermé avoit produits. Affricain, dans la Loi 61, §. 8, *de furt.* fait assez connoître que les Romains étoient dans l'usage de se ménager cette hypothéque par leurs baux : *locavi tibi fundum*, dit-il, &, *ut adsolet, convenit ut fructus ob mercedem mihi pignori essent.* Or ce qui est d'usage passe bien-tôt en Loi. La seconde extension que l'Edit de *Servius* reçut, fut à l'égard des meubles, esclaves, & autres effets que le locataire avoit mis dans la maison louée : la Loi 9 *in quibus cauf. pign. vel hypoth.* prouve que, du tems du Jurisconsulte *Cocceius Nerva*, cette hypothéque légale étoit déja établie : or *Servius Sulpicius*, qui donna l'Edit, fut Préteur l'an de Rome 702 *. ; Cocceius Nerva vècut sous Néron ** : il n'y a donc guères qu'un siècle entre Nerva & Servius, attendu que Néron est parvenu à l'Empire l'an 53 de l'ere chrétienne, & 806 de Rome. Or, comme cette hypothèque légale sur les effets du locataire, étoit si bien connue & si bien établie du tems de Nerva, que ce Jurisconsulte se moquoit de ceux qui cherchoient quelque artifice propre à y porter atteinte, *derisus est Nerva Jurisconsultus*, il n'est pas possible qu'elle fût de nouvelle invention, & par conséquent il faut que l'usage eût commencé à s'en établir peu après l'Edit de *Servius*. Ainsi, avant que l'on donnât l'action hypothécaire sur des effets nommément engagés par tout débiteur, on l'avoit accordée sur des effets qui n'étoient pas nommément engagés. Comment donc M. Hulot nous fait-il passer tout de suite de l'Edit de *Servius* à l'hypothèque sur tous effets nommément engagés ? Dans un Livre de traduction de toutes les Loix, est il bon de confondre & de renverser la progression des Loix ?

* Ciceron, *Pro Murenâ*, n. 20.

** Tacite, *Annal. lib.* 15, *cap.* 72.

ils pas accordé cette action à tout créancier contre les détenteurs d'effets, non qui lui auroient été engagés par son débiteur, comme M. Hulot le dit, mais qui, en général lui sont hypothéqués par la Loi, ou par ce débiteur ? Ce qui augmente mon doute, c'est que je vois les meilleurs Interprètes s'exprimer de cette manière (5).

M. Hulot regardera peut-être ceci comme un vain scrupule d'un homme qui ne sçait pas mieux le François que le Latin : mais est-ce ma faute à moi, si l'on m'a appris que parler d'effets engagés par le débiteur, ce n'est pas parler d'effets tenus pour engagés par la loi indépendamment du débiteur ? Je laisserai donc cette inexactitude, pour passer à des doutes sur lesquels j'ose espérer que M. Hulot ne dédaignera pas de me faire part de ses instructions. Il a senti combien il seroit utile à ses Elèves qu'il leur donnât une idée juste du gage & de l'hypothèque ; aussi n'y a-t-il pas manqué ». La simple convention, leur dit-il, s'appelle proprement *hypothèque* ; celle qui est suivie de la tradition, s'appelle *gage* : mais *l'une & l'autre a le même effet* ; ce qui a fait dire qu'*il n'y a entr'elles qu'une différence de mots* ». Rien de plus exact que la première partie de

(5) *Vinnius*, sur le §. des Instituts déja cité.

cette assertion ; aussi mon doute ne tombe que sur la seconde.

Il seroit assez singulier qu'entre remettre à son créancier un effet pour la sûreté de ce qui lui est dû, ou le lui obliger sans l'en nantir, il n'y eût aucune différence. Je m'assure que les prêteurs sur gage y en trouvent quelqu'une qui ne consiste pas en de simples mots ; & j'avoue que moi-même je ne peux pas m'accoutumer à n'y en point mettre. Je ne m'attacherai pas à prouver que l'hypothèque est une de ces conventions qui s'accomplissent par le seul consentement (6) ; au lieu que le gage est un de ces contrats qui ne sont parfaits que par la tradition de la chose (7) : que l'hypothèque produit une action réelle (8) ; le contrat de gage une action personnelle (9) : que cette dernière action naît au moment où la dette est payée ; au lieu que c'est précisé-

---

(6) Loi 17, §. 2, *de pact. jure honorario nascitur* PACTO *actio.*

(7) *Propriè* pignus *dicitur quod ad creditorem transit :* hypotheca, *cùm non transit, nec possessio ad creditorem.* L. 9, §. 2. *de pign. act.* Voyez aussi le §. 4. *quib. mod. re contr. obl.* aux Instit. *creditor quoque qui pignus accepit, re obligatur.*

(8) Loi 17, au Digeste, L. 18 au Code, *de pign.*

(9) Loi 17, *de pact.* Loi 1, §. 6, *de oblig. & act.* Quoique le gage ne soit parfait que par la tradition de l'effet engagé, l'action qu'il produit vient d'un contrat, *actio ex contractu ;* elle est donc personnelle.

ment au même moment que l'autre s'évanouit (10). Si j'infiftois fur ces articles, quelqu'un, qui les prendroit pour des fubtilités de droit, pourroit me dire : » Vous autres *Praticiens* en » faites affez volontiers peu de cas : que repro» chez-vous donc à M. Hulot? C'eft peut-être » pour vous faire plaifir que ce Traducteur des » Jurifconfultes ne s'eft guère foucié de ren» verfer, d'un feul mot, toutes les maximes des » Jurifconfultes «.

Ce qui doit donc le plus m'intéreffer, c'eft que je vois le Corps entier du Droit attacher à ces conventions des effets très-différents, & néanmoins très-réels. Dans la fimple hypothèque, c'eft-à-dire, lorfque la chofe engagée n'eft pas remife au créancier, le droit d'agir & de pourfuivre réfide dans la perfonne de ce créancier; & jamais le débiteur n'a aucun droit contre lui, foit avant, foit après que la dette eft payée : le débiteur peut bien, en acquittant cette dette, diffoudre l'hypothèque; mais de ce paiement, aucune action ne naît en fa faveur : qu'auroit-il à demander à celui à qui il paie ce qu'il doit, & qui n'a rien reçu qu'il foit tenu de lui rendre? Au lieu que, lorfque le gage a été remis au créancier, le débiteur qui paie fa

(10) Vinnius, §. 4, *quib. mod. re cont. hypothecaria jure pignoris foluto expirat : pignoratitia tunc demùm efficax eft.*

dette a, contre le créancier, une action pour l'obliger à lui rendre le gage, & à l'indemniser des détériorations qui peuvent y être arrivées par sa faute(11). Cette action est même assez connue; les Jurisconsultes la nomment *pignoratitia;* & elle a mérité d'occuper deux titres entiers dans le Corps du Droit, l'un au Digeste, l'autre au Code. Priez donc M. Hulot, Messieurs, de m'éclaircir ce doute: comment se peut-il que le gage & l'hypothèque n'aient que les mêmes effets, lorsque la convention d'hypothèque ne donne jamais d'action au débiteur, & que le contrat de gage lui en donne? lorsque, dans l'hypothèque, le créancier ne doit jamais rien, & que, dans le contrat de gage, il doit toujours rendre la chose, & payer quelquefois des dommages? Etre débiteur, ou ne l'être pas; être, ou n'être pas obligé à rendre & indemniser, est ce donc la même chose? Un créancier qui auroit laissé voler ou endommager le gage, adopteroit certainement avec plaisir la Jurisprudence de M. Hulot.

Mais voici un autre point de la Jurispru-

---

(11) §. 4, *quib. mod. re contr. oblig.* Loi 24, au Digeste; L. 3, au Code, *de pign. act.* Le contrat de gage étant avantageux au débiteur, à qui il procure la facilité de trouver l'argent dont il a besoin, & au créancier, à qui il assure sa créance, est du nombre des conventions qui sont à l'avantage des deux parties, *gratiâ utriusque*; & le créancier y répond de la faute légère.

dence de notre Auteur, auquel le créancier engagiste feroit plus de difficulté d'accéder. Le paiement de la dette éteint de telle manière l'hypothèque, qu'il ne reste plus aucun droit au créancier hypothécaire : envain lui seroit-il dû pour d'autres causes, comme pour argent prêté sur simple billet, pourvû qu'on lui acquitte la créance pour laquelle la chose lui a été obligée, tous ses droits sur l'hypothèque ne sont pas moins anéantis. Il en est autrement du créancier à qui le gage a été remis : après même que le débiteur lui a remboursé la créance pour laquelle l'effet lui avoit été engagé, il y conserve des droits ; & si quelqu'autre somme lui est dûe, quoique par billet, il est autorisé à retenir le gage jusqu'à ce que cette créance chirographaire lui ait été payée (12). Ce droit de retenir, dont le gage est susceptible, parce que le créancier en est détenteur, & qui cependant est étranger à l'hypothèque, parce que le créancier ne la possède pas, me paroît assez utile ; car il dispense l'engagiste, à qui il est dû par billet, de l'embarras d'un procès, &

(12) Loi unique au Code, *etiam ob chirograph. pec. pign. retin. posse. At si in possessione fueris constitutus, nisi ea quoque pecunia tibi à creditore reddatur, vel offeratur, quæ sine pignore debetur, eam restituere propter exceptionem doli mali non cogeris.*

de la peine d'avoir affaire à nous autres Praticiens, avec qui on ne traite pas impunément. Voilà donc un autre effet très-réel, & néanmoins très-différent entre le gage & l'hypothèque.

Au surplus, dans quelle partie du Droit Civil ce droit de rétention est établi, c'est ce qu'il n'est pas difficile de trouver. En parcourant l'*Index* des titres, j'en ai vû un dans le Code, dont la rubrique est celle-ci : *etiam ob chirographariam pecuniam pignus retineri posse.* Eh! quoi, Messieurs, M. Hulot traduit le Corps entier du Droit, & voilà déjà trois titres de ce Droit qu'il a oubliés ! Il ne s'est pas rappellé que deux titres dn Digeste & du Code accordent l'action *pignoratice* au débiteur qui a remis le gage, & la refusent au débiteur qui a gardé l'hypothèque : il n'a pas fait attention qu'un troisième titre dans le Code, donne, au créancier qui possède le gage, le droit de le retenir pour des créances même chirographaires ; & qu'il n'accorde pas ce droit au créancier qui n'a qu'une hypothèque. Voyons s'il s'est mieux souvenu des Novelles.

Vous sçavez, Messieurs, que Justinien, dans la Novelle 4, chap. 2, établit un droit nouveau : avant lui, il étoit libre aux créanciers hypothécaires d'attaquer, à leur gré, les débiteurs, ou les tiers détenteurs des biens qui leur étoient hypothéqués (13) : le fisc seul, moins digne de faveur, étoit assujetti à discuter le débiteur principal, avant qu'il pût poursuivre les détenteurs (14). Or notre Novelle fait un droit général de ce qui n'étoit qu'un devoir particulier du fisc ; & d'après sa disposition, nul créancier hypothécaire ne peut inquiéter ceux qui ont acquis de son débiteur, avant qu'il ait discuté les biens qui restent à celui-ci (15). Mais le créancier, auquel le gage a été remis, & qui, par hasard, en a perdu la possession, est-il obligé à faire cette discussion avant qu'il poursuive le gage dans quelques mains qu'il se trouve ? Les meilleurs Auteurs l'en dispensent (16), c'est un dé-

---

(13) La Loi *distractis* 14, au Digeste ; la Loi *persecutione* 24, au Code, *de pign.* la Loi dernière, au même Code, *de oblig. & act.*

(14) La Loi *Moschis* 47, *de jure fisci.*

(15) Novell. 4, chap. 2. *Sed neque ad res debitorum quæ ab aliis detinentur veniat priùs, antequàm transeat viam super personalibus contrà mandatores, & fidejussores, & sponsores.* De ce texte est prise l'authentique *hoc si debitor*, au Code *de pign.*

(16) Ceci est conforme à la Loi dernière au Code, *de præt. pign.* Justinien y dit : *Et cùm invenimus in conventionalibus pignoribus vel hypothecis, non solùm tenentem creditorem adjuvari*, SED ETIAMSI AB EA POSSESSIONE CADAT SIVE SUA CULPA, SIVE NON, SIVE FORTUITO CASU, *humanius esse perspeximus & in prætorio pignore* DARE RECUPERATIONEM CREDITORI, QUOCUMQUE MODO POSSESSIONEM AMITTAT, SIVE CULPA SUA, SIVE NON, SIVE FORTUITO CASU. Voyez aussi la Loi 11, §.

tenteur dépouillé, qui demande, avec justice[1] de rentrer dans la possession de la chose sans laquelle il n'auroit pas prêté. Le droit d'hypothèque ne peut donc, en général, être exercé contre des tiers possesseurs avant la discussion; le droit de gage peut l'être avant toute discussion : comment se peut-il que ces deux droits n'aient que les mêmes effets, & qu'il n'y ait entr'eux qu'une différence de mots ?

Mais, du moins, M. Hulot m'avouera-t-il que celle-ci a quelque chose de réel : l'hypothèque est sujette à la prescription ; le gage ne l'est pas : le débiteur & les tiers détenteurs sont à l'abri des poursuites du créancier hypothécaire, si celui-ci n'a pas agi dans un certain délai plus ou moins long, suivant le domicile & la qualité des personnes, & suivant qu'elles sont, ou ne sont pas aidées de quel-

1, *de pign.* au Digeste : *Itaque, si amiserit possessionem, solet in factum actione uti.* Marcian donne ici l'action *in factum*, parce qu'il traite de l'antichrèse, gage irrégulier, dont le but est autant le gain du créancier, que la sûreté de sa créance. Mais Cujas, *Lib.* 3. *observ.* 35, croit avec Ason que, dans l'antichrèse même, de la possession de laquelle le créancier seroit déchu, l'action hypothécaire auroit lieu. Voyez Vinnius, sur le §. 8, *de act.* aux Instit. Godefroy, dans ses notes, sur la Loi 5, §. 1, au Digeste *de pign.* Ce dernier Auteur adopte, en termes exprès, la différence que j'établis ici : *Hypothecarius creditor adversùs tertium possessorem, hypothecariâ experiri non potest, principali non discusso .... pigneratitius creditor, etiam principali non discusso, tertium pignoris possessorem convenire potest.*

que titre (17). Mais, en aucun cas, il ne peut prétendre que le créancier qui poſsède le gage a laiſſé preſcrire, y eût-il mille ans qu'il n'eût rien demandé (18). Car comment lui imputer qu'il n'a pas agi pour s'aſſurer un gage qu'il avoit dans ſes mains ? Or il y a, ce me ſemble, une aſſez bonne différence entre perdre une dette par la preſcription, ou ne pas la perdre ; & ſi j'étois créancier, j'aimerois mieux l'un que l'autre.

Enfin, Meſſieurs, les Juriſconſultes mêmes aiment mieux le gage que l'hypothèque : celui à qui on a confié de l'argent, à la charge de ne le prêter que ſous bonne & ſuffiſante ſûreté, peut-il ſe contenter de ſimples hypothéques que l'emprunteur lui obligeroit ? Non, Meſſieurs, les Juriſconſultes déſirent quelque choſe de plus ; il faut, ſelon eux, pour que le commiſſionnaire rempliſſe ſon mandat, qu'il

---

(17) Voyez la note (30) de la Lettre ſuivante.

(18) Faudroit-il des Auteurs, pour prouver ce que la raiſon dicte ? Je ne citerai que Godefroy, dans ſes notes, ſur la Loi 5, §. 1, *de pign.* au Digeſte. Voici comme il s'exprime : *Hypothecaria creditor intrà certum tempus experiri cogitur, intrà quod, niſi experiatur, actione hypothecariâ decidit . . . . at qui pignus habet, pignoratitiâ experiri intrà certum tempus non cogitur. Cur enim agat, aut agere teneatur, cùm poſſideat ? Ità fiet ut, ſi vel centum annis poſſideat, neque pignoratitiâ egerit, pignoratitiam non amittat.*

exige, ou des cautions, ou la remiſe de quelque bon gage (19).

Après cela, qu'un Traducteur des Juriſconſultes nous diſe qu'entre la ſimple convention d'hypothèque & le gage remis au créancier, il n'y a qu'une différence de mots ! En vérité, Meſſieurs, ſi le nom & le ſçavoir de M. Hulot ne m'en impoſoient, je déciderois preſque qu'il eſt tombé dans quelque mépriſe, & je me flatterois d'en avoir découvert la cauſe.

Il a vû, dans ce titre même pendant qu'il en fai-

(19) Loi 59, §. dernier *mandat.* au Digeſte : *Paulus reſpondit non videri conditioni paritum, cum in mandato adjectum ſit ut idonea cautio à debitore exigeretur, ſi neque fidejuſſor, neque pignora accepta ſint.* L. 4, §. 8, au Digeſte, *de fideic. libert. Si idoneè creditoribus cautum fuerit de ſolido . . . . . Quid eſt* idoneè ? *Satiſdato utiquè, aut pignoribus datis.* Il faut donc des gages remis au créancier, *pignoribus datis.* De-là Godefroy, ſur la Loi 5, §. 1. *de pign.* au Digeſte, conclut : *Plus eſt cautionis in pignore, quàm hypothecâ; ut qui idoneam cautionem accipere juſſus ſit, mandato ſatisfeciſſe non videatur, niſi vel pignus, vel fidejuſſorem acceperit.*

J'ai pris la plûpart des différences, que je viens de marquer, des notes de Godefroy, qui prouve aſſez longuement que le gage & l'hypothèque n'ont pas les mêmes effets, & qu'il n'y a pas entr'eux une ſimple différence de mots : *His modis*, dit cet Auteur, *pignus & hypotheca differunt, non tantùm nominis ſono, ſed & re ipſâ.* Eh ! quoi, ſeroit-il poſſible que M. Hulot, qui ſe propoſe d'ajouter ces notes au bas de ſon ouvrage, ne les ait pas lûes ? ou s'il les a lûes, pourquoi érige-t-il en maxime ce qui eſt contredit par tant de Loix, & par les notes mêmes qu'il nous met ſous les yeux, pour rendre la traduction des Loix plus intelligible ?

ſoit

ſoit le ſommaire, un certain texte, dans lequel le Juriſconſulte Marcian dit que le gage & l'hypothèque ne diffèrent que du ſon & de la prononciation (20) : auſſi-tôt notre Traducteur a cru, ſans autre examen, que cette maxime, priſe à la lettre, méritoit de trouver place dans ſon travail ; & il l'y a miſe. Au fond il eſt pardonnable ; étoit-il obligé de conſulter d'autres Loix qu'il n'avoit pas alors ſous les yeux ? Auſſi ne s'eſt-il pas ſouvenu des Inſtitutes ; oui, Meſſieurs, des Inſtitutes ; le livre n'eſt ni inconnu, ni rare ; mais enfin M. Hulot ne travailloit pas alors ſur ce livre. Or les Inſtitutes expliquent cette maxime de Marcian d'une manière qui dérange un peu le ſens que M. Hulot lui donne. Juſtinien y dit qu'*en ce qui concerne, l'action hypothécaire*, le gage & l'hypothèque n'ont entr'eux aucune différence (21) : & cet Empereur, ſi je ne me trompe, a aſſez bien rencontré le ſens du Juriſconſulte : car, ſi M. Hulot, lorſqu'il avoit le texte devant lui, avoit pris la peine de jetter les yeux ſur ſon inſcription, il auroit trouvé qu'il eſt extrait du livre de Marcian, *ſur la formule hy-*

---

(20) C'eſt la Loi 5, §. 1, *de pign. Inter pignus autem & hypothecam, tantùm nominis ſonus differt.*

(21) §. 8, aux Inſtit. *de act. Inter pignus & hypothecam* (quantùm ad actionem hypothecariam attinet) *nihil intereſt.*

*pothécaire* (22). La règle que le Jurisconsulte a posée n'a donc de rapport qu'à l'action hypothécaire qu'il traite ; & c'est seulement *en ce qui concerne cette action*, qu'il entend que le gage & l'hypothèque ont les mêmes effets.

Voici, Messieurs, quel est l'esprit de la Loi ; & vous jugerez s'il n'est pas différent de celui de M. Hulot. Le créancier, tant qu'il possède le gage, n'a point d'action hypothécaire. Comment pourroit-il demander qu'à défaut de paiement, le gage lui soit abandonné, puisqu'il l'a dans ses mains ? Mais il se peut qu'il vienne à en perdre la possession ; il se peut aussi que le débiteur refuse ou diffère de le lui remettre. Dans chacun de ces cas, la loi de la convention donne à ce créancier l'action hypotécaire, soit pour obtenir la garde & la détention de l'effet engagé, soit pour s'y faire rétablir (23). Justinien, &

(22) L'inscription de cette Loi 5, *de pign.* est celle-ci : *Marcianus, libro singulari ad formulam hypothecariam.* Voyez Vinnius, sur le §. 8, *de act.* Cujas, *not. post*, *ibid.*

(23) Le gage que le créancier n'a plus dans ses mains, n'est pas proprement un gage, mais une simple hypothèque. Godefroy, sur la Loi 1, *de pignoratitiâ actione*, dit : *contractum* (*nudâ conventione*) *pignus nihil aliud est quàm hypotheca ; atque ità impropriè pignus : pignus enim traditur ; hypotheca constituitur.* Cujas, *not. post.* §. 8, *instit. pignus propriè traditione, hypotheca conventione contrahitur.* Donc l'action hypothécaire a lieu, soit que le gage n'ait pas été remis, ou que le créancier en ait perdu la possession. Quant au premier cas, voyez la

avant lui Marcian, ont donc eu raiſon de dire que, *quant à l'action hypotécaire*, c'eſt-à-dire, quant au gage qui n'a jamais été, ou qui a ceſſé d'être dans les mains du créancier, il n'y a, entre le contrat de gage & la convention d'hypothèque, aucune différence. Mais M. Hulot a-t-il bien fait d'ériger en maxime générale une expreſſion bornée à des cas particuliers ? Ce qui me fâche, & ce qui m'a le plus embarraſſé, lorſque j'ai cherché en moi-méme quelque moyen de le juſtifier, c'eſt qu'il parle du gage dont la tradition s'eſt enſuivie, ſans qu'il ajoute que le créancier en a perdu la poſſeſſion ; par conſéquent il parle du gage proprement dit poſſédé par le créancier ; & cependant il aſſure qu'entre ce gage poſſédé par le créancier, & l'hypothèque non poſſédée par le créancier, il n'y a aucune différénce ; lorſque les Ju-

---

Loi 1, *de pign. act. pignus contrahitur non ſolâ traditione, ſed etiam nudâ conventione, etſi non traditum eſt.* Quant au ſecond, la Loi 13, §. 3, *de pign. legitimè conſiſtere creditor poteſt adverſùs quemlibet poſſeſſorem, ſivè tantùm pactum conventum de hypothecâ intervenerit, ſive etiam poſſeſſio tradita fuerit, deinde amiſſa ſit.* Voyez auſſi Vinnius, ſur le §. 8, *de act.* Je demande pardon à M. Hulot, ſi je cite ſouvent les Inſtitutes & leurs interprètes ; mais des Auteurs de ce genre me vont mieux à moi, qui connois peu le Code & le Digeſte. Ils vont mieux auſſi à l'examen d'un ouvrage du genre de celui de M. Hulot. Si notre Traducteur n'a pas ſçu ſe mettre d'accord avec les premières notions des Inſtitutes, que doit-on en augurer à l'égard du corps entier du Droit ?

risconsultes, & même les premiers élémens des Loix, ne comparent ces deux conventions, que quant à l'action hypothécaire seulement; c'est-à-dire, quant au gage qui n'est plus possédé par le créancier.

Voilà, Messieurs, autant que j'ai pu le rendre, ce qui m'inquiette sur les maximes que M. Hulot nous prescrit comme Jurisconsulte. De-là il passe à l'explication de l'antichrèse; & c'est ici que, pour notre instruction, il veut bien devenir Praticien.

Il dit: » Nous l'avons rejettée (l'antichrèse) » comme usuraire; & nous y avons substitué les » ventes à faculté de réméré «. Ceci mérite quelque distinction, & ne peut s'appliquer qu'aux pays régis par le Droit coutumier; mais il en est autrement dans ceux qui sont gouvernés par le Droit écrit; on y a été un peu plus attaché aux Loix romaines; & pourvu que le revenu du fonds n'excède pas les intérêts légitimes de la somme prêtée, le Parlement de Paris même juge que l'antichrèse y est permise (24). Or je

---

(24) Il y a, à ce sujet, un Arrêt assez célèbre du 22 Mai 1691, rendu sur les conclusions de M. d'Aguesseau. M. l'Avocat Général ajouta cette restriction: *pourvû néanmoins que le revenu de l'héritage n'excédât pas l'intérêt de la somme prêtée, sans quoi le contrat seroit usuraire.* Je cite ici un Auteur respectable à M. Hulot, car il étoit Professeur; c'est Ferrière, dans son Dictionnaire de Droit & de Pratique, *verbo* antichrèse. Ce Professeur s'ex-

demande à M. Hulot s'il ne ſe propoſe de traduire le Droit écrit que pour les pays qui ne ſont pas de Droit écrit ? Je préſumerois plutôt qu'il eſt bien perſuadé que ſon excellent ouvrage ſe répandra par-tout où l'on ſçait lire des traductions françoiſes. Pour n'induire en erreur aucun des jeunes commençans pour leſquels il travaille, n'eût-il pas mieux fait de ne déclarer l'antichrèſe uſuraire, que pour les pays où elle eſt regardée comme telle, & de ne la pas bannir, de ſon autorité, hors de tout le Royaume ?

Il ajoute : » Nous avons ſubſtitué (à l'antichrèſe) les ventes à faculté de réméré «. Et, pour donner une idée juſte de ces ventes, il dit : » Le créancier achete un fonds de celui » qui va devenir ſon débiteur, & lui en fournit » le prix ; il en perçoit les fruits à titre de propriétaire, & promet de rendre le fonds dans » un certain tems, ou lorſqu'il ſera rembourſé «. J'avoue, Meſſieurs, que je n'entends pas ceci : Quoi ! le créancier achete un fonds de celui qui va devenir ſon débiteur ? Je dirois plutôt qu'il achette de celui qui, par la vente même,

prime, à ce qu'il me ſemble, plus exactement que notre Docteur Aggrégé ; il dit : *l'antichreſe eſt prohibée en France, à l'exception des Parlemens des Pays de Droit Ecrit, & de quelques Provinces, où les contrats pignoratifs ſont regardés comme des ventes à faculté perpétuelle de rachat.*

va cesser d'être son débiteur : car celui qui doit, en vendant, quoiqu'à faculté de réméré, se libère : il n'est pas même obligé de se servir de la faculté qu'il s'est réservée ; il ne doit donc rien, en aucun cas, à l'acheteur : & s'il se détermine à faire le rachat, loin d'être débiteur du prix qu'il ne rend que parce qu'il veut bien racheter ; il est le seul créancier, lui seul attaque l'acheteur, pour l'obliger de lui rendre la chose, & l'indemniser des dommages qu'elle peut avoir soufferts. La définition que M. Hulot nous donne me paroît confondre l'acheteur avec le créancier, le vendeur avec le débiteur ; enfin la vente entière avec l'antichrèse.

Auroit-il voulu parler de ces antichrèses palliées sous le voile d'une vente à faculté de réméré? Il est clair que, dans ce cas, le prétendu acheteur n'est réellement qu'un créancier engagiste, & que le prétendu vendeur n'est qu'un vrai débiteur. Mais, s'il a eu ces contrats en vûe, devoit-il dire que le créancier perçoit les fruits à titre de propriétaire ? Car l'engagiste a-t-il jamais un titre de propriété ; quand même il chercheroit à se couvrir du voile d'une vente simulée (25)? D'ailleurs M. Hulot nous parle des ventes, que, selon lui, nous avons substi-

(25) *Tot. tit. plus valere quod agitur, quàm quod simulate concipitur.*

tuées à l'antichrèse; il parle donc des véritables ventes : autrement les ventes feintes n'étant réputées que pures antichrèses, tant par nos Coutumiers, que par les Gens du Droit écrit (26), le raisonnement de M. Hulot se réduiroit à celui-ci : Nous avons rejetté l'antichrèse, & nous y avons substitué l'antichrèse; ce qui ne seroit pas raisonnable.

Enfin notre Auteur termine son Sommaire par cette phrase isolée : » Telle est l'origine de nos » contrats de constitution de rente «. J'ai déjà dit que je ne suis pas trop curieux des origines : mais, comme celle-ci tient à la pratique, elle ne m'est pas aussi indifférente, que s'il s'agissoit de me rendre *érudit* dans les antiquités romaines. Qu'est-ce que M. Hulot a voulu dire ? S'il entend que les contrats de rente constituée ne sont que des ventes à faculté de réméré, il entend ce qui ne sçauroit être contesté; car ces ventes sont-elles autre chose qu'un droit

---

(26) La vente à faculté de réméré est réputée simulée & usuraire, lorsque ces trois conditions se réunissent : la modicité du prix, la relocation ou bail à ferme fait par l'acheteur au vendeur; & enfin l'habitude dans laquelle le vendeur seroit de prêter à usure. Le concours de ces trois conditions rend le contrat nul & usuraire dans tous Pays. Voyez, à l'égard des Pays de Droit Ecrit, le Président Faber dans son Code. Les deux premières conditions suffisent en Pays Coutumier, pour réduire le contrat de vente à une simple constitution de rente. Voyez la règle 11, du tit. 1, Liv. 4 des Institutes de Loysel, que je citerai plus bas.

De

vendu par le débiteur, fur fes biens, avec la liberté de le racheter? Mais, comme l'origine fuppofe une diverfité entre le principe & l'effet qui dérive de ce principe, je demande à M. Hulot comment il fe peut que, de deux chofes qui font les mêmes, l'une foit l'origine de l'autre?

Si fon intention eft de dire que nos rentes conftituées viennent ou de l'antichrèfe, ou des ventes à faculté de réméré, vraies ou feintes, ou enfin de ces ventes & de l'antichrèfe enfemble (car le texte de notre Auteur eft fufceptible de tous ces commentaires) je crains fort qu'il ne foit pas d'accord avec les monumens de notre ancienne pratique.

Je vois d'abord que, dès les premiers fiécles de notre monarchie, les rentes conftituées n'étoient pas moins en ufage, que l'antichrèfe & les ventes à faculté de réméré (27) : or, de

(27) Ces trois conventions étoient, dans les temps reculés, d'un ufage égal. En premier lieu, la réferve du rachat n'étant qu'un pacte inféré au contrat de vente; & le Droit Romain ayant accordé, de tout temps, une action en vertu des pactes ajoutés aux contrats de bonne foi, il eft clair que cette réferve a été autorifée dans tous les Pays où le Droit Romain a été en ufage; & c'eft ce qui eft d'ailleurs prouvé par la Loi 2, au Code, *de pact. inter empt. & vend.* & par la Loi 12, au Digefte, *de præfcript. verb.* Or on fçait qu'elle étoit l'autorité du Droit Romain dans le Royaume, pendant la première, & même la feconde race de nos Rois. (Voyez les Prolégomènes de François Godefroy, fur le Code Théo-

trois conventions également anciennes, l'une peut-elle être l'origine de l'autre?

Secondement, après qu'en 1164 & 1180, Alexandre III. eut condamné l'antichrèse (28), j'avoue que l'usage des rentes constituées, ainsi que des ventes à faculté de réméré, devint plus fréquent; il falloit bien qu'à mesure que l'on retranchoit aux gens à argent un des moyens de le faire valoir, ils se rejettassent sur ceux qui leur restoient. Mais suit-il de-là que les rentes, ainsi que les ventes à faculté de réméré, tirent leur origine de l'antichrèse?. Tout ce que

---

dosien, chap. 7.) A l'égard de l'antichrèse, on voit par les formules 50e. de Marculfe, 22e. d'Angers, 13e. de Sirmond, qu'elle étoit également en usage. Le Concile de Tours, tenu l'an 461, l'avoit même autorisée dans le dernier Canon. Restent donc les rentes constituées: or elles étoient si fort en usage, que Marculfe en a fait des formules; c'est la 26e. du Livre 2, dont voici les termes, suivant l'édit. de Bignon: *Domino suo illi, ille. Constat me à vobis accepisse, & accipere debere, & debeo, hoc est solidos tantos, pro quibus solidis quos post me retinuero, annis singulis, per singulos solidos, singulos trientes vestris partibus esse redditurum: & si hoc facere contempsero, aut exindè negligens apparuero, ad duplum ipso loco vobis reddere spondeo. Et quomodo de mea proprietate ipsos solidos vestros reddere potuero, hanc cautionem à vobis recipiam.* Le débiteur ne s'oblige à rendre le principal, que lorsqu'il le pourra; il ne peut donc pas être attaqué pour le rendre; ce qui forme la véritable nature de la rente constituée.

(28) Ce Pape défendit d'abord l'antichrèse aux Ecclésiastiques en 1164; il étendit cette défense aux Laïcs en 1180. L'autorité des Papes étoit hors de ses bornes, & les Juges Ecclésiastiques connoissoient du crime d'usure.

l'on en peut conclure, c'est que l'usage de deux conventions qui existoient déjà s'étendit par la prohibition de la troisième convention.

En troisième lieu, dans le siècle suivant, & sur-tout depuis 1243*, les Casuistes commencèrent à disserter sur cette espèce de rentes: ils firent une distinction, & en vertu de leur scholastique, ils condamnèrent comme usuraires celles qui n'étoient pas assignées sur des fonds certains (29). D'ailleurs nos Praticiens établirent que les rentes assises emportoient une espèce d'aliénation des fonds qu'elles affectoient; que par conséquent elles donnoient lieu à l'ouverture des droits seigneuriaux, tant lors de leur constitution, que lors de leur rachat: (30). &, comme ils les regardoient en outre

(29) Voyez Innocent IV. qui vivoit en 1243, dans son Commentaire sur le chapitre *in civitate ext. de usur.* Balde, sur le titre des Fiefs *si de feudo vassallus ab antiquo*, n. 7, suivit ce Canoniste. Les Bulles *Regimini* de Martin V. & de Calixte III. de l'an 1420, & 1455, paroissent autoriser cette distinction. C'est dans ce sens qu'on les interpréta dans le Royaume. Chassanée, *Catal. gloriæ mundi*, *part.* 12, *consid.* 99. Tiraqueau, *de retractu municip.* §. 1, gloss. 6, n. 15 & 16, & §. 32, gloss. 1, n. 78 & 85.

(30) La première conséquence que l'on tira de ce principe, fut que, si le créancier n'avoit ni possession ni saisine, il n'avoit point d'hypothéque, ni de préférence sur les créanciers personnels.* La seconde, que s'il avoit hypothéque, & par conséquent possession ou saisine, les droits seigneuriaux en étoient dûs.** La troisième, que ces rentes étant considérées comme foncières le créancier n'étoit pas obligé de s'opposer au décret.***

* Ancienne Coutume d'Anjou, part. 15. art. 5.

** Articles 58. 59. 60. & 61 de l'anc. Coutume de Paris.

*** Jean Demares, décision 221.

comme irrachetables (31), l'usage public de ces rentes onéreuses au créancier obligé à payer des droits, plus onéreuses au débiteur par leur perpétuité, fut abandonné; & cependant on imagina d'en créer de nouvelles sous des contrats déguisés. On se servit des ventes à faculté de réméré, pour pallier sous leur voile l'antichrèse, ou plutôt la constitution de rente, au moyen de la rélocation faite du même fonds au prétendu vendeur, pour des loyers égaux aux intérêts du prix de l'achat. On nomma ces conventions, *contrats pignoratifs*, la vente n'étant qu'apparente, l'engage-

---

La quatrième enfin, que le créancier n'étoit pas obligé à discuter les biens du principal débiteur. De-là vient que les articles 59 & 101 de la nouvelle Coutume de Paris, lesquels étoient les 70 & 71 de l'ancienne, sont difficiles à expliquer, parce qu'ils conservent quelques traces de l'ancienne Pratique. Je ne dirai rien du Droit particulier des Provinces du Maine, Anjou, Touraine & Loudunois, Droit qui naît pareillement de la nécessité de la saisine, & de la manière dont on l'acquéroit dans ces Pays, qui ne sont pas de vest & de dévest.

(31) On ne suivoit pas, dans le Royaume, les deux extravagantes *Regimini*. Dans les Etats tenus à Tours en 1483, la Noblesse, art. 3, & le tiers Etat, art. 34, demandent au Roi que les rentes qu'ils ont constituées (vraisemblablement aux Ecclésiastiques, car ceux ci ne se plaignoient pas) soient rachetables. Le Roi, art. 2 & 3, n'accorde la liberté du rachat qu'à *ceux du Peuple qui, pour les tailles & fait du Roi son père, auroient vendu rentes sur eux depuis cinquante quatre ans, rachetables à dix pour cent*. D'ailleurs je marquerai bien-tôt l'époque où ces rentes commencèrent à devenir rachetables. Voyez aussi Pithou, sur l'art. 67 de la Coutume de Troyes.

ment réel. Mais, dans cette époque, loin que la vente à faculté de réméré ait été l'origine de nos rentes ; les entraves au contraire que ces rentes éprouvoient, ont multiplié les ventes feintes à faculté de réméré.

Le Parlement, qu'il n'eſt pas aiſé de tromper, ne ſe laiſſoit pas prendre à ces tournures & à ces ruſes ; il cherchoit plutôt ce que les Parties avoient eu intention de faire, que ce qu'elles avoient fait : en conſéquence, il réduiſoit les contrats de vente ſimulée à de ſimples conſtitutions de rentes : & cette Juriſprudence étoit ſi certaine, que Loyſel en a fait une règle dans ſes Inſtitutes coutumières (32). Ainſi la vente à faculté de réméré n'étoit pas l'origine de la rente ; mais, l'artifice étant démaſqué, la conſtitution de rente paroiſſoit.

Enfin, après qu'en 1557, un Arrêt ſolemnel eut affranchi les rentes conſtituées de tous droits ſeigneuriaux (33) ; après que l'on eut re-

---

(32) Liv. 4, tit. 1, art. 11. *Vente d'héritage à faculté de rachat à vil prix, duquel l'acquéreur reçoit profit ou rente, à la raiſon de l'Ordonnance, par bail à ferme par lui fait à ſon vendeur, eſt réduit à rente rachetable : & ſi tel contrat étoit fait par gens qui fuſſent coutumiers d'uſurer, il ſeroit réputé uſuraire.*

(33) Cet Arrêt fut rendu le 6 Mai 1557. L'appel étoit de l'appointement donné par les Commiſſaires prépoſés à la rédaction de la Coutume en 1510. L'Arrêt ordonne la réformation des articles qui aſſujettiſſoient ces rentes au paiement des droits ſeigneuriaux, & qu'en leur lieu cet article ſera mis en écrit : *Pour rentes conſ-*

connu que, de leur nature, elles ſont rachetables à toujours (34), elles reprirent leur ancienne vigueur, & chaque jour, leur uſage eſt devenu plus général.

Ainſi, quelqu'époque que j'aie conſidérée, je n'ai pas ſçu y voir que la vente à faculté de réméré, ou l'antichrèſe aient été l'origine de nos rentes; c'eſt pourquoi je prie M. Hulot de vouloir bien me donner des inſtructions ultérieures ſur ce point de notre ancienne pratique. Pour moi, je n'ai trouvé, dans tout ceci, que l'uſage de l'une de ces conventions étendu à meſure que celui de quelqu'autre convention analogue a été interdit, & les conſtitutions de

---

*tituées à prix d'argent ſur maiſons ou autres héritages aſſis ès Ville, Prévôté & Vicomté de Paris, ne ſont dûs aucuns droits de lods & ventes, ni autres profits ſeigneuriaux, ſoit pour la conſtitution, ou rachat deſdites rentes.*

(34) L'Edit de François I. de l'an 1539, rendit rachetables toutes les rentes conſtituées ſur les maiſons des Villes; nos Juriſconſultes ou *Praticiens*, déclarèrent rachetables celles dont les intérêts, quoique fixés au taux de l'Ordonnance, leur parurent trop forts. Voyez Dumoulin, dans le Traité *de uſuris*, qu'il a écrit entre les années 1543 & 1547, & par conſéquent après l'Edit de François I. Il décide, dans la queſtion 5, n. 28, & dans la queſtion 17, n. 194 & ſuiv. que les rentes au denier 12, 15, & même 18, ſont ſujettes au rachat. Il n'oſe prononcer à l'égard de celles qui étoient au denier 20. Enfin la Juriſprudence ſe fixa; le rachat fut permis indiſtinctement; & Loyſel, Liv. 4, tit. 1, art. 7, de ſes Inſtitutes, qu'il donna, pour la première fois, au Public en 1607, en a fait cette règle: *Rentes conſtituées à deniers, ſont rachetables à toujours.*

rente convertes ſous le voile de la vente à faculté de réméré, lorſque les Parties ont cru qu'il n'étoit pas de leur intérêt de mettre leur véritable convention en évidence.

C'eſt ici, Meſſieurs, où notre Auteur finit ſon Sommaire ; & c'eſt auſſi où je finirai ma Lettre. Voilà d'ailleurs bien aſſez de doutes ſur un précis de dix-huit lignes ; mais les précis ne ſont pas tous clairs & exacts ; & ſi je n'ai rien dit que de raiſonnable, vous conviendrez que tout l'ouvrage de M. Hulot ſera capable de faire penſer.

Je ſuis, &c.

A *** le 20 Janvier 1765.

# LETTRE III.

MESSIEURS,

VOICI mes doutes ſur le ſens que M. Hulot donne aux loix qu'il entreprend de traduire. Ils ne peuvent tomber, il eſt vrai, que ſur le morceau qu'il en a fait imprimer; mais je crois que de cette circonſtance je peux tirer quelqu'avantage; car c'en eſt un bien conſidérable qu'ayant à vous tracer une idée de ſa traduction, je puiſſe la prendre dans la partie même qu'il préſente au Public comme la plus capable de lui attirer ſes ſuffrages.

Si j'avois l'honneur d'être Auteur, je ne m'empreſſerois guères de montrer aux gens les endroits que je croirois imparfaits; & M. Hulot eſt aſſurément trop habile pour avoir commis cette faute, ſurtout dans un projet de ſouſcription. Je vous laiſſe donc à penſer quelle conſéquence déſavantageuſe, pour ce que nous ne voyons pas, chacun tireroit de ſoi-même, s'il y avoit des défauts dans ce qu'il nous a montré.

Or je l'avoue, Meſſieurs, j'ai cru y en entrevoir quelques-uns : ce n'eſt pas que je ne puiſſe m'y tromper ; car qui ſuis je pour rien reprocher à un Docteur aſſez inſtruit du corps entier du Droit pour le traduire ? Mais je crains qu'entre nous Avocats non *érudits*, il n'y en ait pluſieurs qui, comme moi, n'aient quelque difficulté à ſaiſir ſon véritable eſprit ; & je ſerois trop heureux, ſi mes doutes produiſoient cet effet utile à notre Ordre, que pour mieux éclaircir ſon ouvrage, M. Hulot ſe déterminât à l'accompagner d'un Commentaire.

Je n'entends pas trop bien, par exemple, la traduction du premier des textes qu'il a choiſis (1). Avant que de la mettre ſous vos yeux, je crois qu'il convient d'examiner la loi en elle même.

L'hypotèque de la choſe d'autrui eſt l'objet dont Papinien s'occupe. Il ſuppoſe d'abord comme un principe connu, qu'il ne dépend pas du débiteur d'aſſujettir à un droit réel, tel que l'hypotèque, les choſes qui ne lui appartiennent

---

(1) C'eſt la Loi 1. *De Pign. & hypot.* en voici les termes : *Conventio generalis in pignore dando, bonorum vel poſteà quæſitorum recepta eſt :* IN SPECIEM *autem alienæ rei collatà conventione, ſi non fuit ei qui pignus dabat debita, poſteà debitori dominio quæſito, difficiliùs creditori, qui non ignoravit alienum, utilis actio dabitur, ſed facilior erit poſſidenti retentio.*

pas, ou ſur leſquelles il n'a aucun droit (2) ; & c'eſt contre ce principe qu'il ſe forme cette objection : » l'hypotèque générale de tous les » biens préſens & à venir a été reçue ; or les » biens à venir n'appartiennent pas au débiteur, » comment ſe peut-il donc qu'il ne ſoit pas per- » mis au débiteur d'hypotéquer les biens qui ne » lui appartiennent pas? « Mais le Juriſconſulte y

---

(2) Si nous pouvons engager les choſes même qui ſont entiérement à autrui, & ſur leſquelles nous n'avons aucun droit, ce n'eſt que du conſentement du propriétaire avant ou après la convention. Voyez les Loix 20 *de pign. act.* 16, §. 1. *de pign.* & tout le titre du Code *ſi res aliena pignori data ſit* : à l'égard des choſes ſur leſquelles nous avons quelque droit, nous ne pouvons engager que celui que nous y avons; & s'il vient à s'éteindre, l'hypotèque s'évanouit auſſi. Voyez les Loix 16, §. *etiam vectigale prædium de pign. act.* & 15, *qui pot. in pign.* qui parlent de l'engagement du domaine utile : les Loix 11, §. 2 & 15. *de pign.* dans leſquelles il s'agit de l'engagement de l'uſufruit : la même Loi 15, §. 2, *de pign.* & tout le titre du Code *ſi pignus pignori datum ſit*, qui donnent au créancier hypotécaire le pouvoir d'engager ſon hypotèque même : les Loix 18 & 21. *de pign.* qui accordent ce même pouvoir ſur les choſes dont nous n'avons que la poſſeſſion : les Loix 18 *de pign. act.* & 4 au Code *quæ res pign. oblig. poſſ.* ſur le pouvoir d'engager nos créances mêmes : enfin la Loi 3, §. 1, *de pign.* autoriſe l'engagement des fonds qui nous ſont dûs, c'eſt-à-dire, qui ne nous appartiennent pas, mais que l'on doit nous remettre ; & c'eſt auſſi ce que Papinien ſuppoſe dans ce texte, lorſqu'il déclare l'hypotèque ſpéciale nulle, ſi la choſe n'appartient pas au débiteur, ou ſi elle ne lui eſt pas dûe, *ſi non fuit ei qui pignus dabat debita.* Voyez Cujas ſur cette Loi, *lib.* 11, *reſponſ. Papin.*

répond par la diſtinction de l'hypotèque générale des biens à venir, d'avec l'hypotèque ſpéciale d'un certain fonds déſigné : & la raiſon de la différence eſt ſenſible; l'hypotèque générale des biens à venir ſe rapporte, par la force de l'expreſſion même, au tems où le débiteur les aura acquis ; ces biens ſont donc hypotéqués ſeulement pour le cas où le débiteur en deviendra propriétaire, & non comme s'il l'étoit actuellement (3) : au lieu que l'hypotèque ſpéciale d'un fonds déterminé le préſente comme apartenant, dans le moment même, au débiteur qui l'engage ; cette hypotèque eſt donc nulle, ſi le débiteur, lorſqu'il contracte, n'a aucun droit ſur le fonds.

Mais il peut arriver que, depuis la convention, le débiteur vienne à acquérir ce fonds même qu'il a nommément engagé avant qu'il lui appartînt : l'hypotèque ſpéciale renaîtra-t-elle? Preſque toute la loi roule ſur ce ſecond doute; & la manière dont elle le réſout fait

---

(3) C'eſt pourquoi nous pouvons engager les fruits qui naîtront de nos biens, quoiqu'ils ne ſoient pas encore dans la nature des choſes, cette convention ſe rapportant d'elle-même au tems où ils exiſteront : *L. Et quæ nondùm ſunt*. 15, *de pign*. Par la même raiſon nous pouvons engager la choſe d'autrui, en exprimant que nous n'entendons l'obliger qu'autant que nous viendrons à l'acquérir : *aliena res utiliter poteſt obligari ſub conditione, ſi debitoris facta fuerit ; l.* 15, §. *aliena* 7. *de pign*.

assez à mon sujet. Ou le créancier ignoroit que le débiteur lui engageoit la chose d'autrui, ou il le sçavoit ; s'il l'ignoroit, l'équité viendra à son secours, & lui fera accorder, malgré la rigueur de la loi, l'action hypotécaire contre le débiteur qui l'a trompé (4) ; s'il le sçavoit, il

---

(4) En est-il de même, si le propriétaire de la chose obligée succède à celui qui, n'ayant aucun droit sur cette chose, en a consenti l'engagement ? Il est clair que ce propriétaire devient débiteur dès le moment qu'il se porte héritier ; or il est en même-tems propriétaire : l'hypotèque nulle jusqu'alors par le défaut de domaine dans la personne de celui qui l'avoit établie, reprendra-t-elle sa force par la réunion de la propriété avec la qualité de débiteur dans la personne de cet héritier ? Le Jurisconsulte Paul, dans la Loi 41, *de pign. act.* paroît décider que ce propriétaire, quoique devenu héritier, & par conséquent débiteur, est à l'abri de l'action hypotécaire ; par la raison que, n'ayant pas contracté lui-même, il ne peut être accusé de fraude & de mensonge, *ut ex suo mendacio arguatur* : mais celui à qui il a succedé, & qui a engagé la chose d'autrui à un créancier de bonne foi, a-t-il été exempt de fraude, & l'héritier n'est-il pas tenu des faits de son auteur ? Aussi *Modestinus* dans son septiéme livre des Différences, d'où est prise la Loi 22, *de pign.* distingue ; & dans la même espèce il accorde par équité l'action hypotécaire, utile & extraordinaire, *ex post facto quidem directò pignus non convalescit, sed utilis pigneratitia dabitur creditori* ; & c'est par la distinction de ces deux actions que Godefroy, sur cette Loi 22, concilie les deux Jurisconsultes, quoique sur la Loi 41. ce même Interprète pense qu'il s'est glissé quelqu'erreur dans le texte de Paul, & qu'il a besoin d'être corrigé ; mais Cujas *in Papin. ad hanc legem*, & dans son Observation 36 du livre 19, est d'avis que la Jurisprudence rigide que Paul avoit embrassée a été changée dans la suite ; Paul n'a vécu en effet que sous les Empereurs

s'eſt trompé lui-même ; il a conſenti à recevoir une hypotèque nulle, ou, ce qui eſt la même choſe, à ne point recevoir d'hypotèque ; il ne mérite donc pas plus de faveur que le débiteur ; or de deux perſonnes également défavorables, celle qui ne fait que ſe défendre eſt préférée à celle qui attaque (5). Si le

---

Sevère & Antonin Caracalla, dont il fut Conſeiller ; (*L. ult. de jur. fiſ.* L. 97, *de acq. hæred.* L. 38. *de minor.*) ſous Héliogabale, qui, à ce qu'on croit, avoit épouſé la fille de ce Juriſconſulte ; & enfin ſous Alexandre dont il fut Préfet du Prétoire (*Lampridius in Alex. cap.* 26.) Or l'empereur Alexandre fut tué à Mayence par la faction de Maximin l'an 235. Modeſtinus, quoique diſciple de Paul, ſelon Cujas, a vécu plus long tems, & il a pu voir changer la Juriſprudence ; il eſt arrivé au tems des Gordiens qui montèrent ſur le thrône l'an 237, & dont le dernier périt l'an 244. Le jeune Gordien, dans la Loi 5, au Code *ad exhib.* donnée ſous le conſulat du même Gordien & d'Aviola, qui tombe ſur l'année 240, aſſure que ce Juriſconſulte venoit alors de répondre à quelqu'un qui l'avoit conſulté. Cette nouvelle Juriſprudence a donc établi deux eſpèces d'actions hypotécaires, l'une, directe, l'autre utile ; & quoique dans le principe toute hypotécaire ſoit utile relativement à la Servienne, celle que la rigueur du Droit autoriſe a été appellée *directe*, à l'égard de cette autre qui n'eſt accordée que par équité, & qui, par cette raiſon, a été appellée *utile*. Cette diſtinction eſt encore marquée dans la Loi 5. au Code *ſi aliena res pignori data ſit*, donnée par Diocletien & Maximien, ſous le conſulat de *Maximus* & *d'Aquilinus*, c'eſt-à-dire, l'an 286 ; ainſi dans le même ſiècle cette Juriſprudence nâquit & devint conſtante.

(5) Loi 125. *de reg. Jur. Favorabiliores rei potius quam actores habentur* : Loi 128. *eod. tit. In pari cauſâ poſſeſſor potior haberi debet.* Cette règle trouve une application particulière à la matière du gage & de l'hypo-

débiteur poſsède, il ſera donc à l'abri de toute pourſuite; mais ſi le créancier eſt en poſſeſſion, il pourra retenir la choſe engagée juſqu'au paiement de ſa créance.

M. Hulot conſerve-t il cette différence, à mon avis, eſſentielle entre l'hypotèque générale & la ſpéciale ? Papinien l'avoit marquée d'une manière bien préciſe ; car après avoir dit, » la convention générale par laquelle » on hypotèque tous les biens préſens & à venir a été reçue (6), « il ajoute : » mais ſi

---

tèque ; L. 10. *de pign. Poſſidentis meliorem eſſe conditionem, dabitur enim poſſidenti hæc exceptio*, SI NON CONVENIT UT EADEM RES MIHI QUOQUE PIGNORI ESSET. Delà naît le droit de rétention dont j'ai parlé dans ma précédente lettre, droit particulier au véritable gage qui n'eſt autre choſe qu'une hypotèque poſſédée par le créancier. Papinien parle de ce droit dans cette Loi & dans la Loi première, *quib. mod. pign. vel hypot. ſi tamen poſſideat, exceptione doli defenditur.*

(6) Si j'étois auſſi puriſte qu'on l'eſt ordinairement dans les écoles, je ne paſſerois pas à M. Hulot ſa traduction de cette maxime ; Papinien dit : *Conventio generalis in pignore dando bonorum vel poſteà quæſitorum recepta eſt :* M. Hulot la rend ainſi : » La convention » générale par laquelle on hypotèque tous ſes biens, » même ceux qu'on acquerra par la ſuite, eſt valable « ; or ces mots, *eſt valable*, rendent ils le ſens de ceux-ci, *recepta eſt ?* Les conventions étoient valables ou nulles par la force du droit naturel & par celle de la Loi ; mais lorſque la Loi ne s'étoit pas clairement expliquée, lorſqu'on étoit en doute ſur le degré de force & de valeur qu'elles recevoient du droit naturel, leur ſort, ainſi que celui de tous les autres actes des Citoyens, dépendoit de la diſpute des Juriſ-

» la convention tombe ſur l'eſpèce de la choſe » d'autrui, « *IN SPECIEM autem alienæ rei collatâ conventione;* ce qui en bon françois ſignifie : » mais s'il s'agit de l'hypotèque ſpé» ciale de la choſe d'autrui «. Que fait M. Hulot ? Il lui plaît de ne pas rendre le mot *in ſpeciem ;* en conſéquence il n'indique, en aucune façon, qu'il ſoit queſtion de l'hypotèque ſpéciale; & toute la différence que le Juriſconſulte met entre les deux eſpèces d'hypotèque, diſparoît. Jugez-en, Meſſieurs, d'après

---

conſultes, & de l'autorité que l'uſage accordoit enſuite au parti qu'ils avoient embraſſé; & dès-lors un nouveau droit civil s'établiſſoit dans la république. Ceci s'appelloit *diſputatio fori* : Pomponius en fait mention dans la Loi 12, §. 5, *de orig. jur.* Or, lorſque les Juriſconſultes parlent d'un droit reçu, ils déſignent celui qui avoit tiré ſon origine de leurs conférences, au lieu qu'il n'appartenoit qu'à la Loi de rendre un acte valable, parce qu'elle ſeule pouvoit parler impérativement; L. 7. *de Leg. & Senatuſconſ.* Delà Feſtus dit : RECEPTUM *dicitur quidquid à pleriſque prudentibus approbatum eſt :* & *Aſconius Pædianus* ſur Ciceron, *Verrin* 3. fait mieux ſentir encore cette différence entre un droit établi par la Loi civile ou naturelle, & un droit reçu ; il dit *maleficia ſponte & non diſputatione Juriſconſultorum, ſed naturali interpretatione fugienda ſunt.* Voyez auſſi ſur le mot *receptum* les Loix 41. *de reb. cred.* 55. §. 1. *de leg.* 1°. 32. *de oblig. & act.* 115. §. 2. *de verb. oblig.* & la Loi 3 au Code *in quib. cauſ. in integr. reſt. non eſt neceſſ.* Au ſurplus, comme les Juriſconſultes s'aſſembloient pour conferer entr'eux auprès du temple d'Apollon, delà l'épithéte que Juvenal, ſatyre troiſième, donne à ce Dieu, *Juriſque peritus Apollo.*

ſa traduction : « mais ſi on ſuppoſe, y dit-il, » que quelqu'un a obligé à ſon créancier la » choſe d'autrui qui ne lui étoit pas dûe au » tems où il a contracté l'obligation, le débi- » teur acquérant par la ſuite le domaine de cette » choſe, on ſe déterminera difficilement à ac- » corder au créancier l'action utile pour de- » mander le gage, s'il a ſçu que la choſe qu'on » lui engageoit, n'étoit pas à ſon débiteur. «

Regarderiez-vous comme exacte, Meſſieurs, cette maxime vague & générale, telle que M. Hulot la propoſe ? N'eſt-il pas permis d'obliger non-ſeulement la choſe d'autrui, mais pluſieurs choſes d'autrui, par une convention générale ? Et ſi le débiteur en acquiert enſuite le domaine, l'action hypotécaire eſt-elle refuſée au créancier, quoiqu'il ait ſçu, lors du contrat, que ces choſes n'appartenoient pas à ſon débiteur ? Il falloit donc, ainſi que Papinien n'a pas manqué de le faire, employer le mot propre à marquer qu'il s'agit ici de l'hypotèque ſpéciale.

La verſion de M. Hulot préſente donc cette équivoque : Papinien, après avoir parlé de l'hypothèque générale, paſſe-t-il à un autre genre d'hypotèque ; ou continue-t-il de traiter de l'hypotèque générale ? Le ſens de ce Juriſconſulte eſt-il que, quoiqu'on puiſſe affecter, par une convention générale, les biens à venir ; ceux que le créancier ſçauroit ne pas appartenir au débiteur lors de la convention, ne feroient pas foumis à l'hypotèque, quand même le débiteur viendroit enfuite à les acquérir? Pour tirer de cette incertitude, ou plutôt pour garantir de cette erreur des efprits peu inftruits, les feuls cependant pour lefquels M. Hulot travaille, il falloit ne pas fupprimer, comme fuperflus, des termes employés, comme néceffaires, par les Jurifconfultes.

Mais il y a plus, Meffieurs, & voici la principale erreur : M. Hulot n'a écarté de fa traduction le mot *in fpeciem*, que parce qu'il a penfé que dans notre texte il ne s'agit pas de l'hypotèque fpéciale, & qu'il n'y eft queftion que de l'hypotèque générale. Or, qu'il l'ait entendu ainfi, c'eft lui-même qui nous le dit dans fa note marginale; voici tout ce qu'elle porte : *de l'hypotèque générale ;* & comme ces notes, en les fuppofant bien faites, préfentent une idée précife de toute la loi, voilà M. Hulot convaincu, ou d'avoir mal fait fa note, ou d'avoir cru qu'il n'eft queftion dans toute la loi que de l'hypotèque générale. Eh quoi! il s'agit donc fimplement de l'hypotèque générale, quand elle n'eft propofée qu'en objection pour faire fortir la différence qui eft entr'elle & l'hypotèque fpéciale? Notre traducteur n'auroit-il pas pris la raifon de douter pour la décifion?

M. Hulot a vu dans le texte les mots *hypo-*

*tèque générale*, auſſi-tôt il s'eſt perſuadé qu'il ne s'y agit que de cette hypotèque ; il n'y a pas vu en toutes lettres les mots *hypotèque ſpéciale*, il ne s'eſt pas douté qu'il y en fût queſtion.

Godefroy me paroît en avoir mieux ſaiſi l'eſprit ; il donne à ce texte ce titre : *de la choſe d'autrui* (7), & vous avez vu, Meſſieurs, que le Juriſconſulte n'a d'autre but que d'indiquer les différens cas où l'hypotèque ſur les biens d'autrui eſt valable, & les effets qui en réſultent. Cujas, dans un aſſez bon Commentaire qu'il a fait ſur cette loi, dit qu'elle propoſe une différence entre l'hypotèque générale & l'hypotèque ſpéciale (8) ; la Gloſe lui donne le même ſens (9) ; aucun Auteur enfin ne s'eſt aviſé de nous marquer que l'unique objet de Papinien ſoit l'hypotèque générale. Pourquoi M. Hulot n'a-t-il pas ſuivi ces guides ? Je ſçais que le caractère d'être créateur eſt particulier aux grands hommes ; mais auſſi eſt-il utile que les nouveautés éprouvent de la contradiction, même de la part des non *érudits ;* & c'eſt ce qui me fait eſpérer que M. Hulot voudra bien recevoir avec bonté mes doutes.

---

(7) *De re alienâ.*

(8) *Ad Papin. Lib. II. reſp. Proponitur differentia inter generalem obligationem pignoris & ſpecialem.*

(9) Sur le mot *in ſpeciem* de la même Loi : *Dedi pignori rem alienam* IN SPECIE, *putà fundum.*

Je n'en ai pas moins sur l'explication du second texte (10); M. Hulot le traduit de cette manière : » Si un débiteur a donné un » esclave en gage à son créancier, sans obliger spécialement le pécule de l'esclave, le » créancier ne pourra pas vendre ce pécule » comme s'il lui étoit engagé « : d'où vous voyez, Messieurs, que le Jurisconsulte décide que l'engagement de l'esclave n'emporte pas avec soi celui de son pécule; autrement le créancier engagiste seroit autorisé à poursuivre la vente du pécule, de même qu'il peut demander celle de l'esclave. Quelle note M. Hulot met-il à côté de ce texte, afin que nous ne doutions pas qu'il l'a entendu ? Il dit qu'il s'y agit *des accessoires de la chose engagée.* Eh, Messieurs, des accessoires ! J'avois cru jusqu'à ce jour que l'accessoire suivoit le sort du principal (11), que par conséquent, si le pécule étoit l'accessoire de l'esclave engagé, il devroit être engagé comme l'esclave : cependant Papinien dit que ce pécule n'est pas engagé, d'où il suit

---

(10) C'est le §. 1. de notre Loi ; en voici les termes : *Servo pignori dato, peculium ejus creditor citrà conventionem specialem super eo conceptam Frustrà distrahit* ; *nec interest quando servus domino peculium adquisierat.*

(11) L'axiome, *accessorium sequitur naturam rei principalis*, est assez connu ; il est pris des Loix 129 & 178, *de reg. jur.* delà le créancier antérieur en hypotèque pour le principal, l'est aussi pour les intérêts, parce que ces intérêts sont un accessoire du principal ; Loi 18, *qui pot in pign.*

qu'il n'eſt pas un acceſſoire ; M. Hulot aſſure qu'il s'agit d'un acceſſoire : qui croirai-je, Meſſieurs, Papinien, ou M. Hulot ? J'avoue que la queſtion m'embarraſſe ; mais je ſerois bien plus embarraſſé, ſi m'étant érigé en traducteur, j'avois mis à la marge une note entiérement contraire au texte.

Et mon ſentiment ne laiſſoit pas d'être ſpécieux ; je voyois que les loix ne parlent jamais de quelqu'acceſſoire, qu'elles ne décident que pour le comprendre dans l'engagement, il ne faut aucune expreſſion particulière, & qu'il en faudroit une au contraire pour l'en excepter. Les fruits, par exemple, me paroiſſent un véritable acceſſoire du fonds qui les produit ; les loix nous diſent qu'ils ſont cenſés engagés avec le fonds (12) : l'édifice eſt auſſi, ſi je ne me trompe, l'acceſſoire du ſol ſur lequel il eſt bâti ; auſſi eſt-il décidé que l'engagement du ſol entraîne celui de l'édifice (13) : je crois

---

(12) Loi 3, au Code *in quib. cauſ. pign. vel hypot. Fructus pignori datorum prædiorum, etſi id apertè non ſit expreſſum, & ipſi pignori credantur tacitâ pactione ineſſe* : il en eſt de même des enfans de la femme eſclave ; Loi 29. §. 1. *de pign. Si mancipia in cauſam pignoris ceciderunt, ea quoque quæ ex his nata ſunt eodem jure habenda ſunt* ; Loi première au Code *de part. pign. Partus pignoratæ ancillæ, in pari cauſâ eſſe quâ mater eſt, olim placuit.*

(13) Loi 21. *de pign. act. Domo pignori datâ & area ejus tenebitur ; eſt enim pars ejus, & contrà jus ſoli ſequetur ædificium.* Voyez auſſi la Loi 29. *de pign.*

de même que l'accroiſſement du fonds riverain, occaſionné par l'alluvion, eſt un acceſſoire de ce même fonds ; les Juriſconſultes n'ont pas oublié ce cas-ci ; ils accordent l'hypotèque ſur la portion accrue à celui qui l'a ſur le reſte (14). Que je me trompois ! Une note de M. Hulot vient m'éclairer : ces notes ſont précieuſes, Meſſieurs ; elles fixent bien le véritable eſprit de notre traducteur ; auſſi lorſque je ſuis embarraſſé pour le comprendre (choſe à laquelle je ſuis ſujet) vous voyez que je ne manque pas d'y avoir recours.

Diſtinguons cependant, avec les anciens Juriſconſultes, ce qui naît de la choſe ou en fait partie, d'avec ce qui lui eſt étranger. Les fruits naiſſent du fonds ; l'édifice, l'accroiſſement qui vient de l'alluvion s'y incorporent & en font partie ; voilà de véritables acceſſoires ; mais le pécule naît-il de l'eſclave, fait-il partie de ſon individu ? Ah, Meſſieurs, le pécule n'eſt l'acceſſoire de l'eſclave, ni dans l'ordre de la nature, ni dans celui de la loi ; l'eſclave & le pécule appartiennent également au maître ; ce ne ſont que deux ſortes de biens du même propriétaire ; diſpoſer de l'un, ce n'eſt pas diſpoſer de l'autre.

---

(14) Loi 16. §. 1. *de pign. Si fundus hypotecæ datus ſit, deindè alluvione major factus eſt, totus obligabitur.*

De-là les loix décident que la vente, ou le legs de l'esclave ne comprennent pas la vente ou le legs de son pécule (15). M. Hulot opposéroit-il que, dans d'autres endroits, les Jurisconsultes regardent comme accessoire le pécule nommément compris dans le legs de l'esclave? Il est trop instruit pour ignorer que ces différentes décisions, loin de se contredire, se prêtent au contraire une force mutuelle; que de leur réunion il résulte que le pécule, de lui-même, n'est pas un accessoire, & qu'il ne le devient que par la disposition de l'homme: il ne l'est en effet qu'autant qu'il est expressément légué. C'est ainsi que Cujas concilie cette contradiction apparente; il dit que ce n'est que dans ce cas particulier que le pécule prend la qualité d'accessoire. Pourquoi M. Hulot nous

---

(15) Cela est prouvé, quant à la vente, par la Loi 29, *de contr. empt.* qui dit: *Quotiès servus venit, non cum peculio distrabitur; & ideó sive non sit exceptum, sive exceptum sit ne cum peculio veneat, non cum peculio distractus videtur*: la Loi 24. *de pec. leg* porte la même disposition à l'égard des legs: *si legatus fuerit servus, peculium excipere non est necesse, quia non sequitur nisi legetur.* Il en est autrement, lorsque l'esclave est légué nommément avec son pécule. *L.* 1 *&* 2, *de pec. leg. Servo legato* cum peculio, *& alienato, vel manumisso, vel mortuo, legatum etiam peculii extinguitur; nam quæ accessionum locum obtinent, extinguuntur cum principales res peremptæ sunt.* L. 2, *de penu leg. Penu certâ* cum vasis certis *legatâ & consumptâ, ne vasa quidèm cedunt legato* exemplo peculii. §. 17. *Instit. de leg. Sed si servus fuerit* cum peculio *legatus, mortuo servo, vel manumisso, vel alienato, peculii legatum extinguitur.*

érige-t-il donc en maxime ce qui n'eſt qu'une exception ? Mais d'ailleurs M. Hulot poſe, dans ſa traduction, le cas d'un créancier qui engage ſon eſclave *ſans obliger ſpécialement le pécule de cet eſclave.* Il établit donc une eſpèce où, d'après toutes les loix, d'après celles mêmes que l'on pourroit enviſager comme les plus favorables à ſon ſyſtême, le pécule ne ſçauroit être un acceſſoire ; & cependant il marque à la marge qu'il s'agit des acceſſoires.

M. Hulot avoit il conſulté tous les textes relatifs à ce fragment de ſon ouvrage, lorſqu'il l'a travaillé ? Avoit-il même conſulté les Sçavans qui ſont venus avant lui ? J'ai déjà cité Cujas : ce célèbre Juriſconſulte eſt ſi convaincu que, dans l'eſpèce de la loi que M. Hulot nous traduit, le pécule n'eſt pas un acceſſoire, qu'il taxe d'imprudence un ancien Gloſſateur aſſez inconnu à qui cette erreur étoit échappée (16).

---

(16) *Lib. 3. reſponſ. Papin. ad hunc. §. At peculium ſervi pignorati tacitè non intelligitur eſſe pignori obligatum : & ratio hæc eſt, quia fructus vel partus ex re ipſâ quæ pignorata eſt, naturâ proveniunt & naſcuntur. Peculium non naſcitur ex ipſo ſervo, ſed ex induſtriâ ejus vel negociatione vel adventitio lucro, & peculium res ſeparata eſt à ſervo, nec acceſſio quidem eſt ſervi.* Ne *hoc dixeris niſi cum ſervus pignoratur, aut venditur, aut legatur cum peculio, tùm acceſſionis locum obtinet, leg. 2, de pecul.* Leg. L. 2, *de penu leg. At ſi ſine peculio legetur, pignoretur, aut vendatur, falſum eſt peculium eſſe acceſſionem ſervi; quod tamen hoc loco Angelus* IMPRUDENTER *admittit & adſtruit.* Vinnius, ſur le §. 17, *de Leg.* n°. 3, fait

Domat,

Domat, dont M. Hulot veut bien faire quelque cas, parle aussi de ces accessoires de l'hypotèque ; outre les fruits qui naissent du fonds engagé, l'édifice qui y est bâti, l'accroissement que le fonds reçoit de l'alluvion, cet Auteur met dans cette classe l'usufruit qui se réunit à la propriété, le croît même des troupeaux & des haras. Lui est-il venu dans l'esprit d'y placer le pécule de l'esclave ? Non (17) ;

---

sentir aussi cette différence : *hoc tamen*, dit cet Auteur, *inter peculium & vasa vinaria interest, quod peculium non est simplex & mera accessio quæ necessariò servum sequatur ; quippè si simpliciter servus legatus sit, peculium legato non cedit* L. *Si legatus* 24, *de pecul. leg. Sed vasa penuria pura putà sunt accessio ; & ideò penu simpliciter legatâ, vasa quoque sine quibus rectè penus haberi non potest, legato continentur.* L. 3, §. *ult.* L. 4, *princ. de penu leg.* Voilà la distinction entre les véritables accessoires, & ceux qui ne le deviennent que par accident, & par une expression particulière.

Je crois devoir prévenir encore ici un autre doute que pourroit faire naître le §. 20 *Institut. de leg.* Ce texte décide d'abord, que le pécule n'est pas compris dans le legs, s'il n'y est nommément exprimé; il est donc une nouvelle preuve que le pécule n'est pas un accessoire : mais Justinien ajoute que, si le maître affranchit, de son vivant, l'esclave, il est censé lui accorder le pécule, à moins qu'il ne l'en dépouille. Suit-il, de cette dernière partie de la décision, que le pécule soit un accessoire ? Non : le maître qui souffre que l'affranchi emporte son ancien pécule, ou en jouisse, est censé le lui donner : dans ce cas, il y a deux bienfaits ; l'un exprès, la liberté ; l'autre présumé, le don du pécule; voyez Vinnius, sur ce §. C'est ainsi que tous les textes rapprochés concourent à établir avec plus d'évidence que le pécule n'est pas un accessoire.. . . „

(17) Livre 3, tit. 1, sect. 1, n. 7 & 9 ; cet Auteur prouve aussi que l'usufruit réuni à la propriété & le

le Sommaire de Bartole ſur cette loi, bien différent de celui de notre traducteur, n'annonce pas que le pécule ſoit un acceſſoire, il aſſure au contraire que, quoique l'eſclave ſoit engagé, le pécule n'eſt pas cenſé l'être (18); Godefroy même ne donne à notre texte que ce titre modeſte *du pécule de l'eſclave* (19); Pourquoi M. Hulot a-t-il voulu aller plus loin? Pourquoi n'emprunte-t-il pas de ce Godefroy les Sommaires, puiſqu'il nous donne le reſte des notes relatives à ces Sommaries?

Je paſſe à l'examen de la traduction du troiſième texte (20); c'eſt ici qu'il s'agit de vrais

---

croît des troupeaux ſont des acceſſoires de l'engagement, & il cite pour cela les Loix 18, §. 1, *de pign. act.* 13, *de pign.* La première dit: *ſi nuda proprietas pignori data ſit, uſusfructus qui poſteà advenerit, pignori erit;* les termes de la ſeconde ſont: *grege pignori obligato quæ poſteà naſcuntur tenentur.* Ainſi toutes les fois que les Juriſconſultes ont imaginé qu'une choſe étoit l'acceſſoire d'une autre, ils n'ont pas manqué de décider que l'engagement de l'une entraînoit celui de l'autre; Papinien établit au contraire, que l'engagement de l'eſclave n'emporte pas celui de ſon pécule, il faut donc qu'il ait penſé que le pécule n'eſt pas l'acceſſoire de l'eſclave, & par conſéquent M. Hulot a mis à la marge une note qui renverſe le ſens du Juriſconſulte qu'il nous traduit.

(18) *Obligato ſervo non cenſetur obligatum peculium tunc vel poſteà quaſitum: ideò per creditorem non poteſt vendi.*

(19) *De peculio ſervi pignorati.*

(20) C'eſt le §. 2 de la même Loi première, *de pign. & hypot.* Papinien y dit: *cùm prædium pignori daretur, nominatim ut fructus quoque pignori eſſent, con-*

acceſſoires ; car Papinien y parle des fruits de la choſe engagée, & il appuie ſa déciſion ſur des principes qu'il n'a pas rappellés, ou que les rédacteurs du droit, qui les ont ſi clairement marqués dans d'autres endroits de leur extrait, ſe feront crus, peut-être, autoriſés à ſupprimer dans celui-ci. Le premier principe eſt que la convention, par laquelle on engage les fruits qui naîtront d'un fonds, ſe rapporte d'elle-même au tems où ils viendront à naître : tant qu'ils ne ſont pas nés, l'hypotèque ne ſçauroit les affecter; eh ! comment un droit réel peut-il être établi ſur une choſe avant qu'elle exiſte (21)? Le ſecond, que ſi les fruits, depuis qu'ils ſont dans la nature des choſes, n'ont jamais appartenu au débiteur, mais à quelque tiers poſſeſſeur, à qui le fonds aura été aliéné, ils ne peuvent être ſoumis à l'hypotèque (22); dès qu'ils commencent d'être, ils

---

*venit* ; eos conſumptos bonâ fide emptor utili Servianâ, reſtituere non cogetur ; *pignoris etenim cauſam* nec uſucapione perimi placuit, *quoniam quæſtio pignoris ab intentione dominii ſeparatur* ; *quod in fructibus diſſimile eſt, qui nunquam debitoris fuerunt.*

(21) Voyez la note 3 ci-deſſus.

(22) La Loi 29, §. 1. *de pign. Si mancipia in cauſam pignoris ceciderint, ea quoque quæ ex his nata ſunt, eodem jure habenda ſunt. Quod tamen diximus etiam adgnata teneri, ſive ſpecialiter de his convenerit, ſive non, ita procedit ſi dominium eorum ad eum pervenit qui obligaverit vel hæredem ejus ; cæterùm ſi apud alium dominum pepererint, non erunt obligata.* Il en feroit autrement ſi les

sont, à l'égard du débiteur qui les avoit engagés, la chose d'autrui : de quel droit seroient-sujets à subir une loi dictée par celui qui n'a aucun pouvoir sur eux ? Enfin le troisième principe est que, quand même ces fruits, dès le premier instant de leur existence, auroient appartenu au débiteur, si néanmoins ils ont été recueillis & ensuite consommés par le possesseur de bonne foi, l'hypotèque dont ils avoient été d'abord atteints, s'évanouit par leur consommation (23) : car comme il n'est pas pos-

---

fruits étoient déjà nés, ou l'enfant d'une esclave déjà conçu avant que le débiteur vendît le fonds ou l'esclave : car, comme ils seroient dès ce moment dans la nature des choses, & qu'ils appartiendroient au débiteur maître encore du fonds & de l'esclave, l'hypotèque commenceroit à s'y établir, elle continueroit de les affecter après qu'ils auroient passé dans les mains de l'acheteur, & y subsisteroit jusqu'à ce que par la consommation des fruits, ou par la mort de l'enfant, elle vint à s'anéantir ; & c'est dans cet esprit que Godefroy sur cette Loi 29. §. 1, *de pign.* entend la Loi 18, §. 2, *de pign. act.* où il est dit : *si fundus pignoratus venierit, manere causam pignoris, quia cum suâ causâ pignus transeat, sicut in partu ancillæ qui post venditionem natus sit.* Or Papinien parle dans notre texte de fruits qui n'étoient pas même nés avant la vente; car il dit qu'ils n'ont jamais appartenu au débiteur, *qui numquam debitoris fuerunt* ; ce qui ne seroit pas vrai, s'ils eussent été déjà nés avant que le débiteur eût vendu le fonds. Cujas explique ceci d'une manière un peu différente.

(23) La Loi 8, *quib. mod. pign. vel hypot. solv. Sicut re corporali extinctâ, ita & usufructu extincto pignus hypotecave perit.*

ſible qu'elle ſoit établie ſur ce qui n'exiſte pas, de même elle s'éteint ſi, ſans fraude & ſans mauvaiſe foi, les choſes ſur leſquelles elle eſt aſſiſe viennent à périr (24).

Or, d'après ces principes, voici, Meſſieurs,

---

(24) Delà vient que lors même que le fonds n'a pas été vendu par le débiteur véritable propriétaire, mais par un tiers qui n'en étoit pas le maître, l'acheteur, quoiqu'il ait acquis, *à non domino*, n'eſt plus tenu de rendre ou de repréſenter au créancier hypotécaire les fruits qu'il a conſommés : ces fruits ont cependant été frappés de l'hypotéque, ſoit qu'ils fuſſent nés lors de la vente, ſoit qu'ils ne ſoient nés que depuis ; la raiſon en eſt ſenſible. Le fonds a toujours continué d'appartenir au débiteur, puiſque ce n'eſt pas lui, mais un tiers propriétaire qui l'a vendu ; les fruits que ce fonds a produits, dans quelque tems qu'ils ſoient venus, ont dont appartenu au débiteur maître du fonds. Il eſt vrai que le tiers poſſeſſeur, s'il eſt dans la bonne foi, acquiert le domaine révocable de ces fruits, en les recueillant ; mais comme l'hypothéque les a déja affectés dès leur naiſſance, ils paſſent avec cette charge à ce tiers poſſeſſeur, & elle ſubſiſte juſqu'à ce qu'ils ſoient conſommés. C'eſt ainſi que l'on entend la loi 18. §. *interdùm* 4. *de pign.* Marcian y dit : *nam de antecedentibus* (*litem inchoatam fructibus*) *nihil poteſt Judex pronuntiare niſi exiſtent*, & *res non ſufficit.* De-là trois conſéquences : 1°. loſque le poſſeſſeur n'eſt pas propriétaire du fonds, les fruits qu'il recueille, même avant le procès, ſont ſujets à hypothéque. 2°. Ils ceſſent d'y être ſujets, dès qu'ils n'exiſtent pas, *niſi exiſtent*. 3°. Le créancier ne peut cependant demander qu'ils ſoient vendus pour le payer, qu'autant que le prix du fonds ne ſuffiroit pas, & *res non ſufficit.* Car ſi le fonds étoit d'une valeur ſuffiſante pour ſatisfaire en entier le créancier, quel intérêt celui-ci pourroit-il avoir de faire vendre des fruits que ce tiers poſſeſſeur a acquis en quelque ſorte ?

la queſtion que le Juriſconſulte examine. Un débiteur qui avoit engagé un fonds, & avoit compris les fruits dans l'engagement, vend ce fonds; l'acquereur en recueille les fruits de bonne foi, & les conſomme : le créancier aura-t-il l'action hypotécaire pour les répéter? Vous prévenez ſans doute, Meſſieurs, la réponſe du Juriſconſulte; l'hypotèque n'a pu s'aſſeoir ſur les fruits que du moment où ils ont été dans la nature des choſes; or, dans ce même moment, un obſtacle les en a ſouſtraits; ils n'appartenoient pas au débiteur, mais au tiers poſſeſſeur, devenu, par la vente, propriétaire du fonds qui les a produits; n'en ayant jamais eu le domaine, ce débiteur a-t-il pu les ſoumettre à l'hypotèque? D'ailleurs ils ont été conſommés, ils ont ceſſé d'être; l'hypotèque qui les auroit affectés, ſe ſeroit donc évanouie par leur anéantiſſement. Comment M. Hulot nous traduit-il cette maxime ſi claire, ſi naturelle? » Un débiteur, dit-il, a donné un fonds en » gage à ſon créancier, & on eſt convenu » expreſſément que les fruits du fonds ſeroient » engagés «. Juſques-là la verſion eſt excellente, mais il ajoute : » ſi ces fruits ont été » recueillis & conſommés par un poſſeſſeur de » bonne foi, le créancier ne pourra point intenter l'action hypotécaire utile, à l'effet de » lui demander la reſtitution du *gage* «. Eh, quoi! Meſſieurs, Papinien ne prive le créancier que du droit de demander la reſtitution des fruits, *eos, (fructus) conſumptos bonâ fide emptor utili ſervianâ reſtituere non cogetur*; ſur la foi de quel Dictionnaire M. Hulot traduit-il le mot *fructus* par celui de *gage*? D'ailleurs le fonds eſt ici le véritable gage, le gage principal dont les fruits n'étoient que l'acceſſoire; notre Traducteur voudroit-il nous faire entendre que le créancier perd encore l'hypotèque ſur le fonds? Tout au moins dans notre eſpèce y auroit-il eu deux différens gages; le fonds & les fruits: il étoit donc néceſſaire d'expliquer quel étoit le gage perdu pour le créancier, & ne pas exprimer en termes vagues & ambigus qu'il ne peut plus demander la reſtitution du gage.

Mais ce qui lève toute équivoque, c'eſt qne les fruits dont il eſt queſtion ne ſont pas & n'ont jamais été un gage; ils ne l'ont pas été, avant qu'ils fuſſent nés, parce qu'ils n'exiſtoient pas; ils ne le ſont pas devenus, dès qu'ils ſont nés, parce que produits par un fonds déjà vendu, il n'appartenoit pas au débiteur: au moins auroient-ils ceſſé d'être un gage, dès que par leur conſommation ils ont ceſſé d'être. Le fonds a donc été de tout tems le gage unique; dire avec M. Hulot » que ſi ces fruits » ont été conſommés de bonne foi, le créan-

» cier ne pourra point intenter l'action hypo- » técaire à l'effet de demander la restitution » du gage «, c'est dire évidemment qu'il ne pourra plus exercer d'hypotèque sur le fonds; & par quelle fatalité faudra-t-il qu'il essuie ce second dommage ? Le fonds vient-il de naître comme les fruits ; est-il comme eux un objet de consommation ?

Cette faute n'est pas la seule que j'ai cru entrevoir dans la traduction de ce texte : après avoir établi la maxime que l'hypotèque sur les fruits se perd par leur consommation, Papinien se propose ce doute : la manière d'acquérir par l'usage & la possession, que les Loix nomment *usucapion*, ne détruit pas l'hypotèque ; cette charge suit au contraire le fonds dans les mains de celui qui l'a ainsi acquis ; de même que s'il avoit été vendu ou donné (25) ; or si l'usage & la possession par lesquelles nous acquérons la propriété d'un fonds ne nuisent pas à l'hypotèque, pourquoi est-elle détruite par l'usage & la consommation qui nous rendent maîtres des fruits ? Mais le Jurisconsulte trouve la solution de cette difficulté dans les principes mêmes desquels est née sa première maxime ; le fonds appartenoit au débi-

(25) Loi 18. §. 2. *de pign. act. Manere causam pignoris, quia cum sua causa fundus transeat.*

teur quand il l'a engagé ; l'hypotèque l'a donc saisi lors de la convention même ; les fruits ne lui ont jamais appartenu, ils sont nés depuis l'aliénation du fonds : or, comme il n'est pas possible que l'hypotèque s'établisse sur la chose d'autrui, il n'y a pas eu de moment où elle ait pu se fixer sur les fruits (26) : d'ailleurs le fonds subsiste, & n'a pas péri ; les fruits ne sont plus, ils ont été consommés ; l'usucapion du fonds n'a donc pas altéré l'hypotèque, au lieu que la consommation des fruits auroit détruit cette charge, quand même elle auroit pu être établie.

Mais vous sentez, Messieurs, qu'afin que le fonds acquis par le moyen de l'usucapion demeure sujet à l'hypothèque, principe d'où Papinien tire son raisonnement, on doit supposer qu'il faut, pour prescrire l'hypothèque, un tems plus long que pour acquérir la propriété par l'usucapion ; autrement le même délai par lequel le tiers possesseur auroit acquis le fonds, le délivreroit aussi de la charge de l'hypothèque, & il se trouveroit en même tems à l'abri des poursuites du propriétaire & du créancier. C'est aussi ce que Papinien suppose ; dans cet esprit il parle de l'*usucapion*, & non de la *prescription*. » Malgré l'usucapion du fonds, dit-il,

---

(26) Voilà pourquoi notre texte dit : *quod in fructibus dissimile est qui numquàm debitoris fuerunt.*

» l'hypothèque qui y est établie, subsiste ; « *pignoris etenim causam nec usucapione perimi placuit :* or du tems de Papinien, l'usucapion s'accomplissoit dans deux ans (27), au lieu que la prescription de l'hypothèque, ainsi que celle de toutes les autres choses, en exigeoit dix ou vingt (28). Papinien a donc eu juste raison de dire qu'après l'usucapion l'hypothèque dure encore, & que la cause du gage n'est pas détruite par l'accomplissement de ce délai.

---

(27) La loi des Douze Tables, en établissant la prescription, en fixa le délai à deux ans : *Usus auctoritas fundi biennii esto.* Cette loi fut en vigueur jusqu'à ce que Justinien y eût dérogé par la Loi unique au Code, *de usucap. transform.* Du tems de Papinien les fonds sujets à l'usucapion étoient donc acquis au possesseur dans le délai de deux ans.

(28) Cette prescription étoit appellée *longi temporis præscriptio*, & le Jurisconsulte Paul, *lib. 5. Sentent. tit. 2.* nous a appris que par ces mots on entendoit dix ou vingt ans ; *longi temporis præscriptio, inter præsentes continuo decennii spatio, inter absentes vicennii comprehenditur.* Or que cette prescription fût celle qui du tems de Papinien avoit lieu à l'égard de l'action hypothécaire, c'est ce que le même Paul nous marque dans la loi 12. *de divers. & temp. præscrip. Creditor*, y est-il dit, *qui præscriptione longæ possessionis à possessore pignoris summoveri possit ;* Ulpien parle de la même manière dans la loi 5. §. 1. au même titre. *Quæritur an hæres adversùs pignoris persecutionem exceptione longæ possessionis uti possit.* Et comme Ulpien & Paul ont été contemporains de Papinien, comme l'un & l'autre ont été Assesseurs du Prétoire de l'Empereur Sevère sous ce Jurisconsulte qui en étoit le Préfet, il suit que la prescription du long temps, ou de dix & vingt ans, dont ces deux Jurisconsultes parlent à l'égard de l'hypothèque, étoit connue du temps de Papinien.

Que fait M. Hulot ? Il ſubſtitue le mot *Preſcription* au mot *Uſucapion*, comme s'ils étoient ſynonimes, & de cette manière il renverſe le ſens du Juriſconſulte. » Mais il eſt décidé, dit » notre Traducteur, que quand même le poſ» ſeſſeur de bonne foi auroit preſcrit, la cauſe » du gage ne ſeroit pas détruite, parce que le » créancier qui pourſuit la reſtitution du gage, » n'entend pas conteſter la propriété à celui » qui l'a acquiſe par la preſcription «. M. Hulot s'éloignera-t-il perpétuellement des expreſſions de Loix ? Du tems de Papinien, l'uſucapion ſeule pouvoit avoir lieu à l'égard de certains immeubles ; ce n'eſt que trois ſiècles après, que Juſtinien l'ayant confondue avec la preſcription, il a été indifférent de ſe ſervir de l'un ou de l'autre terme (29) ; Papinien emploie celui d'uſucapion ; pourquoi M. Hulot plie-t-il le texte de ce Juriſconſulte à une Ju-

(29) La loi de Juſtinien eſt de l'année 531, la première après le Conſulat de Lampadius & d'Oreſte. Papinien mourut ſous Caracalla. Cet Empereur avoit aſſaſſiné Géta ſon frère dans les bras même de leur mère commune. On croit que la fermeté que montra ce Juriſconſulte, en refuſant de donner une entorſe aux loix pour pallier ce fratricide, fut la cauſe de ſa mort. ( Dion. Caſſius, *lib.* 77. *Spartian. in Caracal. cap.* 4. Zoſime, liv. 1. cap. 9. ) Caracalla ayant été tué par un Centurion l'an 217, Papinien eſt évidemment antérieur de plus de trois ſiècles à la nouvelle Juriſprudence de Juſtinien.

risprudence que certainement il ne connoissoit pas ?

Mais d'ailleurs ce changement de mots prête au Jurisconsulte une erreur, ou plutôt le Traducteur y tombe lui-même. La prescription des fonds, ( car elle a eu lieu de tout tems à l'égard de terres d'une certaine espèce (30) ) n'a ja-

---

(30) Lors de la loi des Douze Tables, les Romains ne possédoient des terres que dans l'enceinte de l'Italie, & ils les possédoient en pleine propriété; aussi l'usucapion que les Decemvirs autorisèrent, n'avoit lieu qu'à l'égard de cette sorte de biens & dans le sein de l'Italie seulement. Ces loix se servoient d'ailleurs du mot *auctoritas*, qui ne peut s'appliquer qu'aux biens susceptibles d'un droit plein & entier, suivant Ciceron *de Arusp. respons. Multæ sunt domus jure optimo, sed tamen jure privato, jure hæreditatis, jure auctoritatis.* Ensuite la République s'étendit; des Provinces, des Royaumes, des Nations entières furent conquises & subjuguées; les fonds situés dans les Provinces étoient ordinairement laissés aux vaincus ou distribués à des Citoyens, mais à la charge d'un tribut; le seul domaine utile passoit à ces possesseurs, & la République retenoit la pleine propriété; de-là la distinction du domaine *bonitarium* ou *utile*, d'avec le domaine *Quiritarium* ou *plein & entier*, tel que les Citoyens, *Quirites*, l'avoient dans l'Italie: ( voyez Theophile, §. 40. *inst. de rer. div.* ) Aussi l'usucapion n'avoit pas lieu pour les biens des Provinces, si ce n'est dans celles à qui Rome avoit accordé le Droit Italique, droit qui comprenoit celui de pleine propriété. Et comment le possesseur auroit-il pû acquerir l'entier domaine d'un fonds par une usucapion dirigée contre un particulier qui n'avoit pas cet entier domaine? Cependant comme l'incertitude dans cette espèce de possessions, nuisoit à la sureté publique, il fut établi, non que ces fonds seroient pleinement acquis par l'usucapion, ce qui auroit été trop ouvertement opposé

mais été parfaite que par le cours de dix ou de vingt ans ; & comme de tout tems aussi le même délai a suffi pour prescrire l'hypothéque (31), annoncer que la prescription d'un im-

---

aux termes & à l'esprit de la loi, mais que l'action par laquelle le propriétaire pouvoit demander ces fonds au possesseur, seroit bornée & prescrite dans un certain délai, après lequel, si ce propriétaire agissoit, le possesseur pourroit se défendre en lui opposant sa négligence & le laps de tems. C'est ce que l'on appella prescription ; & comme elle ne tiroit pas son principe de la loi ; comme au contraire elle y étoit opposée, & qu'elle ne rouloit que sur un motif d'équité ; comme enfin l'attention du Citoyen ne pouvoit être aussi prompte sur des biens situés dans des Provinces éloignées, que sur ceux d'Italie, le délai de la prescription fut plus long que celui de l'usucapion, & on le fixa à dix ou vingt ans, ainsi que je l'ai dit sur la note 27. Voyez, à l'égard de cette prescription des fonds, la loi 3, *de divers. & temp. præsc.* LONGÆ POSSESSIONIS *præscriptionem tàm in prædiis quàm in mancipiis locum habere manifestum est.* Voyez aussi les Loix 21. *de usuc.* 4. *in fin.* & dernière *pro empt.* 5. *de itinere actuque priv.* Papinien, se servant ici du mot d'*usucapion*, il est clair qu'il parle d'un fonds d'Italie & du délai de deux ans; M. Hulot y substituant le mot *prescription*, fixe l'idée à un délai de dix ou de vingt ans ; car la prescription même des fonds des Provinces, les seuls qui y étoient sujets, ne s'accomplissoit, du tems de Papinien, & ne s'est jamais accomplie que dans ce délai.

(31) L'usucapion ne commençoit à courir qu'autant que le possesseur étoit dans la bonne foi, ce qui emportoit la nécessité d'un titre capable par lui-même de transférer le domaine ; aussi Papinien, qui parle dans notre texte de l'usucapion, ne manque-t'il pas d'avertir que le possesseur est de bonne foi, *eos consumptos boni fide ;* de là la prescription établie à l'exemple de l'usucapion, quoique les délais en fussent différents, n'avoit lieu aussi qu'avec la bonne foi & un juste titre.

meuble a été accomplie, c'est assurer que celle de l'hypothèque à laquelle il étoit sujet, l'a

---

J'ai dit quelle espèce de fonds y étoient sujets; elle fut étendue ensuite aux droits incorporels, tels que les actions; la pureté du droit ne permettoit pas qu'ils fussent susceptibles de l'usucapion; 1°. sans la possession il ne pouvoit y avoir d'usucapion, suivant la loi 25. *de usuc.* Or la loi 4. §. 27. du même titre, nous dit que les droits incorporels ne sont pas susceptibles d'une vraie possession, mais uniquement de la possession feinte, laquelle est bien éloignée de l'esprit de la loi des douze Tables. 2°. Le débiteur ne possède d'aucune manière l'action; car comment posséderoit-il un droit dirigé contre lui-même? On ne peut feindre ou considérer la presque possession que de la part du créancier qui peut à son gré se servir de son droit, ou ne pas s'en servir. Or eût-il été possible au débiteur d'acquérir par usucapion, ce dont il n'avoit aucun usage, & qu'il ne possedoit pas même d'une manière feinte? De-là toutes les actions étoient anciennement perpétuelles, ainsi que Justinien l'assure, *princip. inst. de perp. & temp. act.* Cependant la même raison d'équité & de bien public porta à étendre la prescription aux actions; d'abord la plûpart de celles que la loi avoit introduites, & que pour cette raison on appelloit *civiles*, y furent assujetties par diverses Constitutions des Empereurs, suivant Justinien *ibid.* Nous en voyons des traces dans la loi 13. *in princip. de div. & temp. act.* à l'égard des actions fiscales, & dans la même loi §. 1. ainsi que dans la loi 8. *de administ. rer. civit.* à l'égard de la révision des comptes passés & alloués aux Administrateurs des revenus des Villes; & dans tous ces textes il est dit que ces deux prescriptions n'étoient pas plus longues que de dix ou de vingt ans. Mais les actions qui venoient de l'Edit du Préteur, étoient d'une espèce bien différente; comme la Magistrature de ce Préteur ne duroit qu'un an, les actions qu'il avoit introduites s'évanouissoient ordinairement avec son autorité, & son successeur adoptoit souvent une autre Jurisprudence, ce qui lui étoit permis avant que l'Edit fût devenu perpétuel. Mais l'action été aussi : cependant M. Hulot nous dit : » qu'il » est décidé que quand même le possesseur de » bonne foi auroit prescrit, la cause du gage » ne seroit pas détruite «. Je dis au contraire que si le possesseur de bonne foi avoit prescrit,

---

hypothécaire, quoiqu'elle descendît de la Jurisdiction du Préteur, ne fut pas restreinte dans des bornes si étroites; sa prescription ne fut accomplie que dans le délai fixé pour celle des fonds des Provinces, peut-être parce qu'elle étoit un droit sur les fonds; voici l'économie de cette prescription : d'abord il n'y eut que les tiers possesseurs qui pussent s'en aider; & il falloit qu'ils fussent de bonne foi, condition également nécessaire pour la prescription des fonds : (voyez ce que j'ai dit sur la note 27.) Theodose le Grand ayant établi indistinctement & pour toute sorte d'actions, la prescription de trente ans, suivant Godefroy sur le titre du Code *de præsc.* 30. *vel* 40 *annor.* cet espace de temps suffit dès-lors pour prescrire l'action hypothécaire, (voyez les loix 3. & 7. au Code *de præsc.* 30. *vel* 40. *annor.*) Mais tout ceci ne regardoit que les tiers possesseurs; le débiteur ou ses héritiers qui possédoient la chose engagée, obligés & par l'action personnelle & par l'hypothécaire ensemble, ne pouvoient encore opposer aucune prescription. L'Empereur Anastase vint à leur secours; il établit la prescription de 40 ans, & il voulut que toutes les actions, de quelqu'espèce qu'elles fussent, qui jusqu'alors avoient été jugées exemptes de prescription, fussent assujetties à celle qu'il introduisoit; dès-lors le débiteur & ses héritiers furent reçus à s'aider de cette prescription, & cette Jurisprudence fut bien-tôt approuvée par l'Empereur Justin qui, dans la loi *cùm notissimi 7.* §. 1. au même titre du Code, autorise le débiteur même à opposer au créancier qui poursuit son hypothéque, la prescription quarantenaire : de tout ceci il résulte que le possesseur de bonne foi, dont Papinien parle, a pu prescrire la cause du gage dans le délai de dix ou de vingt ans, c'est-à-dire, dans le même délai qui lui auroit été nécessaire pour prescrire la propriété.

c'eſt-à-dire, s'il avoit tranquillement poſſédé le fonds, pendant dix ou vingt ans, la cauſe du gage feroit détruite. La maxime de Papinien étoit exacte, parce que le Juriſconſulte ſe ſervoit du terme d'uſucapion, qui préſente à l'eſprit un délai de deux ans; M. Hulot la rend inexacte & fauſſe en y ſubſtituant le terme de preſcription, qui a toujours eu beſoin du délai de dix ou de vingt ans; délai qui de tout temps a ſuffi pour preſcrire auſſi l'hypothèque.

Malheureuſement pour M. Hulot il n'a rien vu dans la raiſon que Papinien donne de ſa déciſion, qui pût lui faire preſſentir ce que je viens de dire; auſſi a-t'il regardé cette raiſon comme générale & comme applicable au cas de la preſcription même; d'après cette idée, ſans ſe douter qu'il fallût aller fouiller dans l'ancienne Juriſprudence, pour y découvrir les principes qui devoient le guider, il s'eſt mis à traduire ce texte. Le Juriſconſulte s'appuie ſur ce que la propriété & l'hypothèque n'ont rien de commun, ou, ſuivant la verſion de M. Hulot, ſur ce que » le créancier qui pourſuit » la reſtitution de ſon gage, n'entend pas con» teſter la propriété à celui qui l'a acquiſe par » la preſcription ». Mais qu'importeroit que la propriété & l'hypothèque ne ſoient pas une ſeule & même choſe, ſi les délais pour les

preſcrire

prescrire étoient si parfaitement égaux, qu'ils ne pussent être accomplis quant à l'une, sans l'être aussi quant à l'autre? Qu'importeroit que le créancier qui poursuivroit la restitution de son gage n'entendît pas contester la propriété à celui qui l'a prescrite, si celui qui a possédé pendant un un temps assez long, pour prescrire la propriété, trouvoit dans ce même délai un moyen légitime de contester à ce créancier la restitution de son gage? La cause du gage en seroit-elle moins détruite par le délai même dans lequel on auroit prescrit la propriété; & la différence qu'il y a entre le gage & le domaine empêcheroit-elle que la prescription ne leur fût commune? Papinien parle suivant la Jurisprudence de son siècle, & sa décision porte sur deux maximes: la première, la plus subtile, & que par cette raison il exprime, est que la propriété & l'hypothèque n'ont rien de commun; & de-là il suit que l'acquisition de l'un de ces droits par usucapion, ou par tout autre moyen, n'emporte pas nécessairement l'acquisition ou l'extinction de l'autre. La seconde maxime, trop connue pour que le Jurisconsulte se soit cru obligé d'en faire mention, est que l'usucapion n'exige pas un délai aussi long que la prescription; d'où il résulte aussi que, quoique le tiers détenteur ait possédé pendant un temps suffisant pour acquerir par usucapion la propriété, l'hypothèque n'eſt pas cependant preſcrite & ſubſiſte encore : ſi la propriété & l'hypothèque étoient une une ſeule & même choſe, il ſeroit impoſſible qu'on acquît l'une ſans acquerir l'autre, & la preſcription ou l'uſucapion dont elles ſeroient frappées naîtroit néceſſairement du même eſpace de temps. Si, en les ſuppoſant différentes, les délais pour les acquerir par la preſcription avoient été de tout temps égaux, il auroit été pareillement impoſſible que le temps fixé pour preſcrire l'une n'eût entraîné la preſcription de l'autre : dans le premier cas leur ſort auroit été uni par l'identité de la choſe, dans le ſecond par l'identité des délais; c'eſt du concours de ces deux différences qui, du temps de Papinien, ſubſiſtoient entre la propriété & l'hypothèque, que naît la juſteſſe de cette maxime : *l'uſucapion d'un fonds ne détruit pas la cauſe du gage ;* altérer l'un ou l'autre principe, c'eſt corrompre la maxime même ; & c'eſt ce que fait M. Hulot, lorſqu'en parlant de preſcription au lieu d'uſucapion, il égale les délais ; ſyſtême d'après lequel il eſt impoſſible que la cauſe du gage ne ſoit détruite par le même laps de temps qui procure au tiers poſſeſſeur la propriété.

Il n'eſt qu'un ſeul cas où l'idée que M. Hulot ſubſtitue à celle du Juriſconſulte pût trouver quelque application ; ſçavoir, ſi dans le cours des dix ou des vingt ans, le créancier hypothécaire avoit agi contre le possesseur du fonds engagé, & avoit mis par ce moyen son hypothèque à l'abri de la prescription, pendant que le propriétaire n'auroit pas attaqué ce possesseur, & lui auroit laissé prescrire la propriété : mais Papinien traite-t'il cette espèce? Entendre de cette manière ce Jurisconsulte, ne seroit-ce pas lui attribuer une autre erreur ; car je vous prie de vous rappeller, Messieurs, que notre Loi parle d'un possesseur de bonne foi : le seroit-il, s'il avoit été attaqué, si l'hypothèque lui avoit été judiciairement dénoncée? D'ailleurs Papinien refuse au créancier la faculté de répéter les fruits que ce possesseur a consommés ; or il est certain que le détenteur d'un fonds engagé, dès que le créancier a agi contre lui, répond de tous les fruits qu'il a perçus, soit qu'ils existent, soit qu'ils soient dénaturés & anéantis (32) : prétendre qu'il s'agit dans le texte d'un possesseur attaqué par le créancier, ce seroit accuser Papinien d'avoir appellé possesseur de bonne foi celui qui ne l'étoit pas, d'avoir dispensé de rendre compte des fruits un possesseur qui les devoit ; rien ne

---

(32) Loi 15. §. *interdùm* 4. *de pign. Interdùm etiam de fructibus arbitrari debet Judex, ut ex quo lis inchoata sit, ex eo tempore etiam fructibus condemnet.*

peut donc juſtifier M. Hulot : l'acquereur dont il s'agit a poſſédé pendant dix ou vingt ans avec titre & bonne foi, puiſque notre Traducteur ſuppoſe qu'il a preſcrit la propriété ; il a donc preſcrit auſſi l'action hypothécaire : M. Hulot n'a donc pas raiſon de nous dire que, malgré la preſcription de la propriété, la cauſe du gage n'eſt pas détruite ; pour éviter cette erreur, il falloit ne pas nous parler de preſcription, & traduire littéralement le Juriſconſulte qui ne ſe ſert que du mot *uſucapion.*

Je demande pardon de l'ennui que mes fréquentes citations peuvent cauſer ; mais me conviendroit-il de contredire, de mon autorité, quelqu'un auſſi inſtruit que M. Hulot ? J'invoquerai donc encore & Godefroy & Cujas : l'un & l'autre nous avertiſſent (33) qu'il ne s'agit pas dans notre Loi de la preſcription de dix, vingt ou trente ans, mais de cette ancienne uſucapion qui s'accompliſſoit dans deux ans.

---

(33) Godefroy ſur les mots de cette loi : *Pignoris etenim cauſam nec uſucapione perimi placuit*, fait cette note : *Triennii ſcilicet* (je crois qu'il faut lire *biennii*) *non decennii, vicennii, tricennii ;* cet Interpréte avertit donc de ne pas entendre le texte dans le ſens de la preſcription de dix, vingt ou trente ans, & de borner au contraire la maxime à la ſeule uſucapion ; & afin de faire comprendre que, s'il s'agiſſoit de la preſcription du fonds, il ne ſeroit point vrai que l'hypothèque ne fût pas en même temps anéantie, il ajoute : *Hinc collige rem obligatam poſſidentem decem annis, præſcribere etiam contrà hypothecariam.*

Cujas va même plus loin (34) ; ſelon lui, depuis que Juſtinien a tellement mélé l'uſucapion avec la preſcription, qu'elles ſe règlent par les mêmes délais, la cauſe du gage eſt détruite par le même eſpace de tems dans lequel le poſſeſſeur acquiert la propriété : n'eſt-ce pas nous dire : » Gardez vous bien de traduire par le mot *preſcription*, & de ſupprimer celui d'*uſucapion*. Ce dernier eſt le ſeul

---

(34) Cujas ſur cette loi, *lib.* 11. *reſponſ. Papin.* dit d'abord que, ſi après l'uſucapion du fonds l'action hypothécaire ſubſiſte encore, c'eſt parce que cette action n'eſt preſcrite que par le délai d'un long tems, au lieu que l'uſucapion, avant Juſtinien & par conſéquent dans le ſiécle de Papinien, s'accompliſſoit dans le délai de deux ans : *Ideòque creditori uſucapto fundo pignorato vel quâ aliâ re, integra eſt actio hypothecaria adversùs eum qui uſucepit : perimitur quidem pignus & actio hypothecaria præſcriptione longi temporis vel longiſſimi adversùs omnes, ſed non etiam perimitur uſucapione anni in mobilibus, aut biennii in immobilibus, quod fuit uſucapionis tempus légitimum ex XII. Tab. quod ſecuti ſunt ſemper in rep. ante Juſtinianum.* Cet Interprète pouvoit-il marquer plus clairement que, s'il eût été queſtion de la preſcription du fonds, la cauſe du gage ſeroit auſſi détruite, & que la maxime de Papinien ne ſeroit plus exacte ? Et afin de le faire ſentir encore mieux, il ajoute : *verùm adnotandum eſt ad hæc hodiè uſucapione transformatâ à Juſtiniano & in longius tempus prolatâ, juri antiquo conſequens eſſe rerum immobilium pignus perimi uſucapione Juſtinianæi.* ( C'eſt celle qui a été égalée à la preſcription par le délai de dix ou de vingt ans, & que pour cela nous appellons preſcription ) *Quia hodiè non completur uſucapio rerum immobilium niſi longo tempore, id eſt, decem annis inter præſentes & viginti inter abſentes, quo etiam perimitur pignoris cauſa.*

» qui rappelle l'idée de l'ancienne Jurisprudence dont le Jurisconsulte s'occupe ? « M. Hulot emploie cependant ce même mot que ces Interprètes proscrivent. Mon doute se réduit donc en dernière analyse à cette question : qui devons-nous croire de Cujas & de Godefroy, ou de M. Hulot ?

Je ne finirois pas, Messieurs, si je voulois marquer toutes les fautes (35) qui ont échappé à notre Traducteur : dans le dernier texte de cette première Loi (36), Papinien parle d'une femme qui, après le divorce, a donné en gage un fonds au créancier de son mari : *post divortium mulier . . . prædium ob debitum viri pignori*

---

(35) M. Hulot rend le mot *emptor*, par *possesseur de bonne foi*, & chacun sent la différence qu'il y a entre ces deux expressions : il ne s'agit pas d'ailleurs dans cette loi de quelqu'un que le titre d'achat & vente ait rendu simple possesseur de bonne foi, mais d'un vrai propriétaire, devenu tel par le titre d'achat ; il a acheté du débiteur, & ce débiteur étoit le véritable maître du fonds, puisqu'il l'a valablement engagé ; autrement l'hypothèque auroit été nulle par le défaut de domaine.

(36) C'est la même loi première, §. 4. *de pign.* en voici les termes : *cùm prædium uxor viro donasset, idque prædium vir pignori dedisset*, post divortium mulier *possessionem prædii sui recuperavit, & idem prædium* ob debitum viri *pignori dedit : in ea duntaxat pecunia rectè pignus à muliere contractum apparuit*, quam offerre viro debuit, *meliore prædio facto*. La raison de la loi est que le Senatusconsulte Velleïen venant au secours des femmes qui s'obligent pour autrui, l'engagement que celle-ci a fait de son fonds, pour une créance de son mari, sera sans effet.

*dodit* : au lieu de traduire littéralement, M. Hulot fait dire à Papinien, » après la dissolution du mariage, la femme . . . a donné en » gage ( l'un de ses fonds ) au créancier de » son mari : « or, le divorce n'étoit pas chez les Romains le seul moyen de dissoudre le mariage, il y finissoit aussi par la mort (37) ; la traduction de M. Hulot laisse donc l'équivoque si le mariage dont il s'agit a été dissous ou par la mort ou par le divorce : bien plus, comme le décès d'un des mariés étoit le moyen le plus naturel & aussi le plus fréquent (38), cette version présente l'idée d'un

(37) Même par l'esclavage de l'un ou de l'autre des mariés, Loi 1. *de Divort.* & *rep.*

(38) Le divorce fut si rare que pendant les premiers 520 ans de Rome, il n'y en eut aucun exemple ; (Denis d'Halicarnasse, liv. 2. Valere Maxime, liv. 2. chap. 4. Aulugelle, liv. 4. chap. 3) car quoique les Loix l'eussent permis, elles l'avoient cependant rendu difficile : non seulement le mari qui répudioit dans d'autres cas que ceux de l'adultère, de la préparation du poison ou de la falsification des clefs, les seuls portés par la Loi de Romulus, perdoit tous ses biens, dont la moitié appartenoit à sa femme, & l'autre étoit consacrée à Cérès ; mais le divorce dans le mariage contracté *per confarreationem*, de tous le plus solemnel, & le seul qui donnât aux enfans des droits particuliers, ne pouvoit se dissoudre que par une espèce de sacrifice appellé *diffarreatio* ( voyez Festus *verb. Diffarreatio* ). Ce sacrifice étoit accompagné de cérémonies lugubres capables de faire frémir d'horreur ceux sur lesquels elles tomboient. Voyez Plutarque, Vie de Romulus & de Numa, & Quæst. Rom. p. 276. tom. 2.

mariage fini de cette manière, plutôt que par le divorce : or, dans l'eſpèce de notre texte, eſt-ce par la mort de la femme que ce lien a été diſſous ? Elle recouvre un fonds, elle l'engage, elle n'eſt donc pas décédée : eſt-ce par la mort du mari ? Papinien le préſente comme vivant : s'il ne l'étoit pas, auroit-il des créanciers ? Ils ne le ſeroient que de ſa ſucceſſion : la femme auroit-elle pû lui offrir ce qu'elle lui devoit ? Car la Loi ajoute, *in eâ dumtaxat pecuniâ quam ( mulier )..... offerre viro debuit.* Le Juriſconſulte ne s'étoit-il donc pas exprimé avec plus d'exactitude en ne parlant que du divorce, & de ce cas particulier M. Hulot a-t-il été autoriſé à former un cas général inconciliable avec les autres expreſſions du même Juriſconſulte ?

Dans la Loi 2 du même titre (39), il eſt queſtion d'un répondant qui, en payant ce que

---

Après même que l'uſage de ſe marier *per confarreationem* eut ceſſé, on trouve dans l'Hiſtoire beaucoup plus de mariages diſſous par la mort que par le divorce, quelque fréquent que la corruption des mœurs l'eût rendu ; outre l'Affranchi du mari qui portoit de ſon ordre le libelle du divorce à la femme, la Loi exigeoit ſept témoins Citoyens Romains, afin que l'eſpèce de honte que leur préſence excitoit fût un frein qui retînt ceux qui vouloient ſe ſéparer, après s'être ſolemnellement unis. Loi 9. *de Divort. & rep.* Briſſon, *lib. ſing. de Adult.*

(39) Loi 2. *de pign. fidejuſſor qui pignora vel hypothecas ſuſcepit, atque ità pecunias ſolvit, ſi mandati agat,*

le débiteur devoit, ſe fait remettre les gages que le créancier avoit reçus : il eſt clair qu'il a contre le débiteur l'action du mandat pour ſe faire rembourſer ce qu'il a payé (40) ; mais de quelle eſpèce de faute eſt-il reſponſable dans la garde des gages qui lui ont été remis? quel dégré de ſoin doit-il y apporter pour que la perte ou la détérioration de ces gages ne lui ſoit pas imputée? telle eſt la queſtion que Papinien ſe propoſe, & le doute paroiſſoit ſpécieux ; car le mandat qui eſt préſumé intervenir dans les cautionnemens n'eſt accepté par le répondant que pour faire plaiſir au débiteur (41) ; or, n'eſt-il pas reçu que celui qui ne retire aucun avantage du contrat, ne doit répondre que des faits arrivés par ſon dol ou par cette extrême négligence que l'on appelle faute groſſière (42) ? Mais deux principes forment ici une exception à cette règle : en premier lieu, ſe rendre caution, accepter une commiſſion ou un mandat, eſt en général un office d'ami (43) ; manquer dans l'exécution,

*vel cum eo agatur, exemplo creditoris* etiam culpam *æſtimari oportet ; cæterùm judicio quod de pignore dato proponitur, conveniri non poteſt.*

(40) §. 6. *Inſt. de fidejuſſ.* Loi 10. §. 11. *mand.* Loi 18. *eod. tit.*

(41) §. 1. *Inſt. mand.* Loi 2. §. 1. *eod. tit.*

(42) Loi 5. §. 2. *Commod.* Loi 23. *de reg. jur.*

(43) Loi 1. §. 4. *Mand, nam originem ex officio atque*

c'eſt violer la foi & la confiance. Ces contrat ont donc leurs loix particulières ; les cautions ou les mandataires qui ſeroient moins ſoigneux dans les affaires de leur ami, que dans les leurs propres, ſe joueroient de l'amitié même ; il faut donc qu'ils apportent aux uns & aux autres un ſoin égal, & qu'en conſéquence ils répondent de ce dégré de faute que l'on appelle légère (44) : un Juriſconſulte moins profond s'en ſeroit tenu à ce ſeul principe ; Papinien ne l'indique même pas, il le regarde comme trop connu, & il paſſe de ſuite à un autre qui naît d'une circonſtance particulière : cette caution, en retirant les gages de la main du créancier, ſe met à ſa place, & ſe charge des mêmes devoirs dont ce créancier étoit tenu ;

---

*amicitià t abit* : plus le déſintéreſſement auroit été grand, & le témoignage d'amitié certain, plus la négligence ſeroit criminelle ; elle approcheroit davantage de la fourberie : dans cette eſpèce de contrats, les parties marquoient leur bonne foi & en même tems leur amitié, en ſe donnant la main droite, d'où, ſelon Iſidore de Seville, *orig. lib.* 4. *cap.* 4. dérive l'étimologie du mot *mandatum* : auſſi l'infamie étoit la peine de la fraude, de la négligence même du mandataire : Ciceron *pro Roſcio Amerino*, *cap.* 38. & *pro Cæcinâ*, *cap.* 3. L'Edit du Préteur a érigé en loi cette ancienne maxime, née dans les beaux jours de la République, *infamia notatur*, . . . . . *qui pro ſocio tutelæ, mandati, depoſiti ſuo nomine non contrario judicio damnatus ſit* : Loi première, *de his qui not. inſam.*

(44) Loi 8. §. dern. *mand.* Loi *procuratorem* 11. *cod. eod.* Loi, *contractus* 23. *de reg. jur.* & *ibi Cujac.*

or, celui-ci étoit obligé de ſe donner pour la conſervation du gage ce ſoin commun à tout Citoyen attentif, dont l'omiſſion forme la faute légère (45); car le gage eſt un des contrats qui tendent à l'avantage & du créancier & du débiteur; cette caution ſera donc tenue du même dégré de faute dont étoit reſponſable le créancier auquel elle a ſuccédé; *exemplo creditoris*, dit Papinien, *etiam culpam præſtari oportet*(46): comment M. Hulot rend-il cette maxime? La caution, dit-il, » ſera tenue « de répondre de ſon ſoin à garder le gage, » comme l'auroit dû faire le créancier; « il ne s'agit pas de ſçavoir ſi l'un & l'autre ſont tenus de garder le gage, mais juſqu'à quel point ils y ſont tenus: répondent-ils de leur dol & des fautes groſſières ſeulement, ou des fautes légères, *etiam culpam?* C'eſt ce que la Loi décide, & c'eſt ce que la traduction de M. Hulot ne préſente pas: les termes *etiam culpam* y ſont même ſupprimés; notre Traducteur s'eſt contenté de retracer la ſubſtance de l'obligation, lorſqu'il eſt queſtion du dégré de l'obligation.

---

(45) Loi 13. §. 1. *de pign.* & Loi 19. *cod. eod.* Cujas *lib.* 19. *obſerv. cap.* 24.

(46) Il eſt aſſez connu que par le mot *culpa*, employé ſans aucune autre déſignation, les Juriſconſultes déſignent la faute que nous nommons légère. Voy. *Vinnius*, §. 2. n. 9. *Inſtit. quib. mod. re contr. oblig.*

Telles ſont, Meſſieurs, les fautes qui j'ai cru reconnoître dans ce fragment choiſi pour prévenir le Public en faveur de l'ouvrage entier; je ne ferai qu'une réflexion : ſi un grand homme a erré, que n'auroient pas à craindre les autres Traducteurs ?

S'il a erré dans la traduction de la matière du gage & de l'hypothèque, que n'a-t-il pas à craindre lui-même pour le reſte de l'ouvrage ? Car il s'en faut bien que cette matière tienne dans le Droit Romain le premier rang, qu'elle paſſe même pour quelqu'une des plus difficiles ; peut-elle être comparée à celle des ſubſtitutions, de la falcidie, du droit des héritiers *ſiens*, & de toutes les queſtions qui en naiſſent ? Et je vous avoue, Meſſieurs, que voyant M. Hulot chercher à preſſentir le jugement du public, je me ſuis dit ſouvent à moi-même : pourquoi ne lui préſente-t-il pas, pour chef-d'œuvre, la traduction de quelques-uns de ces textes difficiles à rendre & par leur objet & par la manière dont ils ſont conçus ? Les fautes auroient été en quelque ſorte pardonnables, & la difficulté de la matière lui auroit mérité l'indulgence du public; au lieu que s'il a échoué dans des choſes plus aiſées, il eſt naturel que l'on déſeſpère de ſon ſuccès dans les autres.

Mais quand même il n'y auroit dans ſon

travail d'autre défaut que l'équivoque & l'obſcurité, lui fût-il poſſible d'interpréter, de plier les expreſſions dont il s'eſt ſervi, juſqu'au point de les rapprocher du ſens des Loix, quel ſeroit le fruit de ſon ouvrage, s'il lui falloit des commentaires ? Rappellez-vous, Meſſieurs, que dans ſon *Proſpectus* il bannit tous *Paratitles*, *Gloſes*, *Obſervations :* pourquoi y ſubſtituer une traduction, ſi elle a beſoin d'être éclaircie & commentée elle-même ? Eh, quoi ! notre tems ne ſeroit-il pas mieux employé à nous familiariſer avec le texte, & à conſulter les ſources, qu'à lire, qu'à méditer ſes explications ? Et de cette manière auroit-il réuſſi à faire, comme il nous le promet, *d'une étude compliquée* & laborieuſe, *une étude ſimple & facile ?* C'eſt de quoi nous jugerons mieux, Meſſieurs, lorſque nous aurons vû ſes nouvelles Gloſes ou Commentaires ; en attendant,

Je ſuis, &c.

*A*** le 2 Mars 1765.*

## APPROBATION.

J'AI lû par ordre de Monseigneur le Vice-Chancelier, un Manuscrit qui a pour titre, *Lettres d'un Avocat au Parlement de**** *à MM. les Auteurs du Journal des Sçavants*, & je n'y ai rien trouvé qui puisse en empêcher l'impression. À Paris ce 20 Mars 1765.

*Signé*, ROUSSELET.

## PRIVILEGE DU ROI.

LOUIS, par la grace de Dieu, Roi de France & de Navarre : A nos amés & féaux Conseillers les Gens tenans nos Cours de Parlement, Maîtres des Requêtes ordinaires de notre Hôtel, Grand Conseil, Prévôt de Paris, Baillifs, Sénéchaux, leurs Lieutenans Civils, & autres nos Justiciers qu'il appartiendra, SALUT. Notre amé le Sieur KNAPEN, Imprimeur-Libraire à Paris, Nous a fait exposer qu'il désireroit faire imprimer & donner au Public un ouvrage qui a pour titre : *Lettres d'un Avocat au Parlement de *** à MM. les Auteurs du Journal des Sçavants*, s'il Nous plaisoit lui accorder nos Lettres de permission pour ce nécessaires. A CES CAUSES, voulant favorablement traiter ledit Exposant, Nous lui avons permis & permettons par ces présentes de faire imprimer ledit Ouvrage autant de fois que bon lui semblera, & de le faire vendre & débiter par tout notre Royaume, pendant le temps de trois années consécutives, à compter du jour de la date des présentes. Faisons défenses à tous Imprimeurs, Libraires, & autres personnes de quelque qualité & condition qu'elles soient, d'en introduire d'impression étrangere dans aucun lieu de notre obéissance; à la charge que ces Présentes seront enregistrées tout au long sur le Registre de la Communauté des Imprimeurs & Libraires de Paris, dans trois mois de la date d'icelles : que l'impression dudit Ouvrage sera faite dans notre Royaume & non ailleurs, en bon papier & beaux caracteres, conformément à la feuille imprimée attachée pour modèle sous le contre-scel des Présentes; que l'Impétrant se conformera en tout aux Réglemens de la Librairie, & notamment à celui du 10 Avril 1725; qu'avant de l'exposer en vente, le Manuscrit qui aura servi de copie à l'impression dudit Ouvrage sera remis dans le même état où l'approbation y aura été donnée, ès-mains de notre très-cher & féal Chevalier, Chancelier de France, le Sieur DE LAMOIGNON, & qu'il en sera ensuite remis deux Exemplaires dans notre Bibliothèque publique, un dans celle de notre Château du Louvre, un dans celle dudit Sieur DE LAMOIGNON, & un dans celle de notre très-cher & féal Chevalier, Vice-Chancelier & Garde des Sceaux de France, le Sieur DE MAUPEOU; le tout à peine de nullité des Présentes. Du contenu desquelles vous mandons & enjoignons de faire jouir ledit Exposant & ses ayans cause, pleinement & paisiblement, sans souffrir qu'il lui soit fait aucun trouble ou empêchement. Voulons qu'à la copie des Présentes, qui sera imprimée tout au long au commencement ou à la fin dudit Ouvrage, foi soit ajoutée comme à l'original. Commandons au premier notre Huissier ou Sergent sur ce requis, de faire pour l'exécution d'icelles tous Actes requis & nécessaires, sans demander autre permission, & nonobstant Clameur de Haro, Charte Normande, & Lettres à ce contraires: Car tel est notre plaisir. Donné à Paris le vingt-septiéme jour du mois de Mars, l'an de grace mil sept cent soixante-cinq, & de notre Regne le cinquantiéme. Par le Roi en son Conseil. LE BEGUE.

*Registré sur le Registre XVI. de la Chambre Royale & Syndicale des Libraires & Imprimeurs de Paris, numéro 510, folio 280, conformément au Réglement de 1723. A Paris ce 2 Avril 1765.*

LE BRETON, Syndic.

www.ingramcontent.com/pod-product-compliance
Ingram Content Group UK Ltd.
Pitfield, Milton Keynes, MK11 3LW, UK
UKHW021104260726
13994UKWH00002B/703

9 782329 297590